AF567718

Bittersüßer Schmerz

Die Erscheinung Christi in der ätherischen Welt

MIEKE MOSMULLER

BITTERSÜẞER SCHMERZ

Die Erscheinung Christi in der ätherischen Welt

OCCIDENT • BAARLE NASSAU

Band MM 64

Occident Verlag
Geerstraat 1
5111 PS Baarle-Nassau
Niederlande

Telefon: +31 (0)13 - 507 99 48
E-Mail: info@occident-verlag.de
Internet: www.occident-verlag.de

Grafische Gestaltung: Occident Media B.V.
Umschlagabbildung: Ruth Kaspers-Mosmuller

ISBN/EAN: 978-3-946699-24-8

„Das Herz des Erlösers, eine wahre orientalische Perle, einzigartig und unschätzbar, das am Tag seines Leidens in ein Meer unvergleichlicher Bitterkeit geworfen wurde, schmolz in sich zusammen, löste sich auf und floss in Schmerzen aus unter der Anstrengung so vieler Qualen; aber die Liebe, die stärker ist als der Tod, besänftigt, bewegt und schmilzt die Herzen noch schneller als alle anderen Passionen."

François de Sales, *Traité de l'amour de Dieu*

INHALT

VORWORT

Das Motto und einige Zitate stammen von François de Sales (1567 - 1622), aus seinem großen Werk *Traité de l'amour de Dieu*. Er ist berühmt für die Bilder, die er verwendet, um die Liebe von und zu Gott deutlich zu machen. Seine Texte beeindrucken mich besonders wegen der sorgfältigen und befreienden Zärtlichkeit, mit der er l'amour de Dieu, und la charité, die aktive christliche Nächstenliebe beschreibt, die auf die Liebe zu und von Gott zurückwirkt. Ich zitiere ihn nicht aus Glauben, sondern aus freier Bewunderung für seine Liebe.

EINLEITUNG

In diesem zweiten Teil des Bewusstseins über das Erscheinen Christi in der ätherischen Welt möchte ich mit der Feststellung beginnen, dass wir als moderne Menschen unseren Blick so sehr auf die Erde und die physische Existenz gerichtet haben, dass uns das, was in der ätherischen Welt vor sich geht, völlig entgeht.

Wir schauen innerlich auf uns selbst, wir schauen auf unsere Erinnerungen, auf unsere Assoziationen, auf unsere Ängste, auf unsere Unsicherheiten, auf unsere Begierden und so weiter... All diese Dinge betrachten wir aus unserer Mitte heraus, das heißt, wir haben immer einen bestimmten Fokus und können nie die Gesamtheit überblicken. Das hat zur Folge, dass eine Betrachtung des größten Wesens im Kosmos eine Unmöglichkeit ist. Wenn man nicht vom Umkreis aus beobachten kann, dann kann man niemals auch nur eine Ahnung von dem Wesen bekommen, das alles umfasst. Wenn man von seinem Standpunkt aus schaut, wird man Ihn auch sehen, aber man wird sich dessen nicht bewusst werden, und man wird immer nur einen so kleinen Teil von Ihm sehen, dass man nicht in der Lage ist, diesen in das Ganze einzuordnen.

Ich dachte an die Sonne. Die Sonne scheint für uns alle, aber man steht an einem Ort auf der Erde, wo man den Sonnenaufgang, den Sonnenuntergang, die hochstehende Sonne in der Mitte des Tages, die Wolken, die dunklen Wolken, die Verfinsterung der Sonne durch die Wolken von seinem Standpunkt aus wahrnimmt. Selbst wenn man seinen Standpunkt in einem Satelliten einnehmen könnte, hätte man zwar die Erde in einer größeren Perspektive, man könnte in dieser größeren Perspektive auch sehen, wie die Sonne über die Erde verteilt ist, aber man würde dabei einen Teil des Ganzen noch immer nicht sehen können.

Von der materiellen Existenz aus kann ein Überblick über so etwas wie die Sonne im Kosmos und ihre Position und ihr Licht für die Erde nicht in ihrer Gesamtheit gesehen werden.

In der Phantasie, in der Vorstellungskraft, können wir das viel besser. Man kann sich sehr gut vorstellen, dass der Nachthimmel mit Sternen übersät ist und der Mond leuchtet. Dann kann man sich vorstellen, wie es ganz allmählich hell wird, wie die Sonne in der vollen Pracht ihrer Kraft aufgeht. Man kann sich vorstellen, wie die Sonne im Laufe des Tages vom Osten durch den Süden nach Westen zu wandern scheint und dort untergeht, und man kann sich bewusst machen, dass das immer noch der eigene Standpunkt ist. Dann kann man versuchen, sich vorzustellen, wie diese Sicht auf der anderen Seite der Welt gleichzeitig anders ist und anders verläuft. Auch kann man versuchen, sich vorzustellen, wie die Wetterbedingungen des Bildes über der Erde unterschiedlich sind. Man erhält dann ein schwer zu fassendes, bewegliches, kaum vorstellbares Bild vom Verhältnis der Sonne zur Erde, wie es sich auf der anderen Seite des Globus darstellt. Man bekommt das nicht vollkommen dargestellt, es bleibt eine bruchstückhafte Momentaufnahme, aber man beginnt etwas von der Größe der kosmischen Sonne zu spüren, die in einer beweglichen Beziehung zur Erde lebt, wodurch sich nicht nur Tag und Nacht, sondern auch die Jahreszeiten unterscheiden. Für einen Astronomen oder einen Geologen sind das vielleicht vertraute Übungen, aber wir als ‚Durchschnittsmensche' sind damit überhaupt nicht vertraut. Wir können es natürlich versuchen, und während man sich so sehr anstrengt, sich etwas vorzustellen, das eigentlich unvorstellbar ist, und man erlebt, wie unflexibel die eigene Vorstellungskraft ist, kann man diesen Mangel an Flexibilität und diese Begrenztheit des Blicks bewusst als das größte Hindernis empfinden, das Sonnenwesen zu schauen, das Christus in der Ätherwelt ist.

Solange man von seinem Zentrum aus ins Abstrakte blickt und denkt und sich vorstellt, bleiben die Bemühungen mehr oder weniger fruchtlos. Es gibt Momente, in denen man kurz das Gefühl hat, dass man hindurchbrechen könnte, und dann fällt man wieder in sein Zentrum zurück.

Wenn man die menschliche Betrachtungsweise sieht, die mit der Erde verschmolzen ist, könnte man meinen, dass es keinen Sinn hat, sich auf die Anschauung Christi in der ätherischen Welt vorzubereiten. Aber diese Vorbereitung besteht in Wirklichkeit darin, einen Weg zu finden, um den Mittelpunkt zu verlassen und eine Position im ganzen Umfang einzunehmen, so dass man seine Vorstellung nicht mehr in Richtung vom Zentrum zum Umfang hin entfaltet, sondern mit seiner Vorstellung vom gesamten Umfang aus auf den Mittelpunkt zurückblickt. Das ist die ätherische Anschauung, und bevor wir beginnen, unsere Gedanken zu entwickeln, um zu dieser Anschauung zu gelangen, müssen wir uns die Frage stellen: Woher kommt eigentlich die Vorstellung von der Wiederkunft Christi in der ätherischen Welt?

EINE ZARTE VERTRÖSTUNG

Zu der Zeit, als die Theosophische Gesellschaft den Knaben Krishnamurti als den reinkarnierten Christus vorstellte, begann Rudolf Steiner in seinen Vorträgen nicht nur das Phänomen der Wiederkunft Christi zu klären, sondern auch das Phänomen des Erscheinens des Maitreya-Bodhisattva, der sich dann erst im vierten Jahrtausend endgültig zum Buddha vervollkommnen wird. Es war eine große Verwirrung, die von den Führern der Theosophischen Gesellschaft in die Welt gesetzt wurde, denn mit der Wiederkunft Christi war nicht der Mensch gemeint, den wir als Christen für den Christus halten, nämlich Christus, der gekreuzigt wurde, gestorben ist, begraben wurde und im Jahr 33 wieder auferstanden ist, sondern ein anderer Jesus, der etwa ein Jahrhundert früher gelebt hat, und der ebenfalls gekreuzigt wurde und ein großer Eingeweihter war: Jeshu Ben Pandira. Rudolf Steiner macht dann deutlich, dass in diesem Mann, in diesem Jesus, der Maitreya am Werk war, und die große Verwirrung ist dann, dass man eben annahm, dass in Krishnamurti der Maitreya zurückgekehrt sei. Aber man hat ihn dann nicht den Maitreya genannt, sondern man hat ihn Christus genannt. Es war nicht Christus, aber es war Jesus, und zwar ein anderer Jesus als der Jesus von Nazareth. Rudolf Steiner hatte also drei ineinander verschlungene Irrtümer zu korrigieren. Der erste war, dass in Krishnamurti der Maitreya inkarniert wäre, der zweite, dass Jesus Ben Pandira der Christus wäre und dann auch, dass der wirkliche Christus, der im Christentum der Christus ist, mehrmals auf der Erde inkarniert sein könnte. Er erörterte dann, dass Christus, der wahre, zwar wiederkomme und zu seiner Zeit schon gekommen sei, dies aber nicht auf der physischen Ebene, sondern in der ätherischen Welt. Dies bedeutet, dass die Erscheinung Christi also nicht eine Erscheinung in der physischen, sondern eine solche in der ätherischen Welt sein wird, und dass dem Menschen dazu erst bestimmte übersinnliche Augen gegeben werden müssen, um diese zu sehen. Rudolf Steiner hat das im ersten Mysteriendrama durch Theodora mit den folgenden Worten ausgedrückt:

„Ein Menschenwesen
Entringt sich jenem Lichtesschein.
Es spricht zu mir:
Du sollst verkünden allen,
Die auf dich hören wollen,
Daß du geschaut,
Was Menschen noch erleben werden.
Es lebte Christus einst auf Erden,
Und dieses Lebens Folge war,
Daß er in Seelenform umschwebt
Der Menschen Werden.
Er hat sich mit der Erde Geistesteil vereint.
Die Menschen konnten schauen ihn noch nicht,
Wie er in solcher Daseinsform sich zeigt,
Weil Geistesaugen ihrem Wesen fehlten,
Die sich erst künftig zeigen sollen.
Doch nahe ist die Zukunft,
Da mit dem neuen Sehen
Begabt sein soll der Erdenmensch.
Was einst die Sinne schauten
Zu Christi Erdenzeit,
Es wird geschaut von Seelen werden,
Wenn bald die Zeit erfüllt sein wird."

Das war also die Kernaussage von Rudolf Steiner: Christus inkarniert sich nur einmal. Das ist der Christus, der gekreuzigt wurde, gestorben und begraben ist und im Jahr 33 wieder auferstanden ist. Aber er kommt wieder, er ist schon wiedergekommen, aber in der Ätherwelt. Dort können wir ihn als eine Erscheinung sehen.

Die zweite Aussage war, dass der Bodhisattva Maitreya nicht in Krishnamurti inkarniert sein kann, weil die spirituelle Ökonomie etwas anderes lehrt, nämlich dass der Bodhisattva so auf der Erde erscheint, dass er erst zwischen dem 30. und dem 33. Lebensjahr des jeweiligen Menschen, welcher der Träger des Maitreya sein wird, in Erscheinung tritt, und dann findet eine große Verwandlung dieses Menschen statt, wodurch er dann als ein Mensch erscheint, der ganz anders ist als der Mensch vorher. Krishnamurti war also viel zu jung, um bereits ein Bodhisattva-Träger zu sein. Diese Begriffsverwirrung taucht zwar in Rudolf Steiners Vorträgen auf, aber nicht immer so scharf formuliert, dass klar ist, worum es geht, aber die damals Anwesenden haben es selbstverständlich nur zu gut verstanden. Es ist der große Verdienst von Thomas Meyer aus Basel - der die Zeitschrift *Der Europäer* herausgibt und auch selbst Bücher schreibt -, dass er in seinem Buch über die ‚Bodhisattva-Frage' mit Hilfe von Vorträgen von Elisabeth Vreede genau herausgearbeitet hat, wie es zu dieser Begriffsverwirrung kam, einschließlich Hinweise auf die Literatur, auch zum Beispiel von der damaligen Präsidentin der Theosophischen Gesellschaft Annie Besant.

Rudolf Steiner spricht also in der Zeit um 1910 immer wieder von diesen Irrtümern und bringt dann die wahre Wiederkunft, nämlich das Erscheinen Christi in der ätherischen Welt, zur Sprache. Er weist darauf hin, dass es im Laufe des 20. Jahrhunderts, vor allem ab 1933, für die Menschen auf der Erde immer mehr möglich wird, Christus in der ätherischen Welt zu schauen, und zwar aufgrund von drei Fähigkeiten, die der Mensch haben kann: Die erste kommt durch eine Katastrophe zustande, durch die die Konstitution des Menschen in seinen vier Wesensgliedern so verändert wird, dass ein Schauen von Christus möglich wird, dass Christus tatsächlich als Helfer oder Retter erscheint. Das zweite ist das spontane Auftreten einer Hellsichtigkeit, die es möglich macht, Christus in der ätherischen Welt zu schauen. Das ist es, wovon Theodora spricht. Und das dritte ist die innere Entwicklung, wie sie in der Anthroposophie zu finden ist, ein Weg der Konzentration, der Meditation und der Läuterung der Seele.

Rudolf Steiner sagt dann immer wieder, dass es eine Notwendigkeit ist, dass die Menschheit erkennt, wenn Christus dem Menschen erscheint; dass der Mensch tatsächlich weiß, dass es Christus ist. Wenn das nicht der Fall wäre, wenn in der Menschheit nicht die Erkenntnis aufkäme, dass Christus selbst als Helfer und Tröster erscheint, dann würde dies großes Leid über die Menschheit bringen und in gewisser Weise auch eine Unmöglichkeit schaffen, den Entwicklungsweg weiterzugehen. Es müsste dann einen Rückfall geben, durch den wir wieder eine Chance bekommen, uns richtig zu entwickeln. Rudolf Steiner hat immer wieder darauf hingewiesen, wie wichtig es ist, dass wir als Menschen wach sind für die Tatsache der Wiederkunft Christi in der Ätherwelt. Er spricht zwar von einem Zeitrahmen von vielen Jahrhunderten, aber in unserer Zeit muss es beginnen.

Nun ist das unter Anthroposophen natürlich ein Thema, das bekannt ist, und es gibt auch nicht wenige Anthroposophen, die sich mit dem Erscheinen Christi in der Ätherwelt vertraut fühlen. Aber darüber hinaus ist es notwendig, dass auch die größere Welt außerhalb der Anthroposophen dies zur Kenntnis nimmt.

So erhielt ich vor einem Jahr die Bitte, über diese Erscheinung Christi in der Ätherwelt zu schreiben, und ich habe es versucht. Es gibt nichts, was einem die eigene Hilflosigkeit so nahebringt, wie das Schreiben über Christus. Man spürt, dass jedes Wort, das man zu Papier bringt, zu wenig, zu klein, zu ohnmächtig, zu unbeholfen und so weiter ist, aber gleichzeitig weiß man, wenn man aufgibt, wenn man es nicht tut, dann wird das, was man beitragen könnte, auch nicht beigetragen werden. Also versucht man in Demut, trotzdem ein paar Dinge darüber zu schreiben. Und beim Schreiben wurde mir so sehr bewusst, dass wir als Menschen eigentlich die ganze Zeit die Erscheinung Christi in der Ätherwelt haben, aber wir schätzen sie nicht richtig. Wir sind nicht kenntnisreich genug, um zu wissen, dass bestimmte Momente im Leben eine erste Erscheinung Christi in der Ätherwelt sind. Ich habe versucht, diese Momente in meinem Buch *Zarte Vertröstung* zu beschreiben. Wie man, wenn man als Mensch zutiefst unglücklich ist, dennoch durch ein plötzlich auftretendes Detail im Dasein bewegt und getröstet werden kann, wie zum Beispiel das Durchkommen der Sonne, oder die unerwartete Lösung eines zwischenmenschlichen Problems, oder das unerwartete Hören eines Musikstücks, das einen so berührt und tröstet, dass man wieder weitergehen kann. Diese Momente sind Momente der Erscheinung Christi in der Ätherwelt, und das erfordert auch Demut, denn man erwartet natürlich, eine ‚echte' Erscheinung in all ihrer Herrlichkeit und Überwältigung zu erhalten. Aber wenn wir uns nicht zuerst darauf vorbereiten, auch die kleinen Momente des Trostes durch Ihn als Trost zu sehen, wie werden wir dann jemals die Kraft haben, eine so große Erscheinung zu ertragen?

Ich habe in dem Buch eine ganze Reihe von Beispielen angeführt und dann aufgeschrieben, wie man sich mehr und mehr auf die Wahrnehmung Christi in der ätherischen Welt vorbereiten kann. Man kann Ihn nicht mit den physischen Augen wahrnehmen, man kann das nicht mit dem rationalen Denken tun, und man kann nicht leichtfertig sagen: „Man kann das mit dem Herzen tun!"

Denn das Herz ist doppelt. Man hat im Herzen den Christus-Teil, aber man hat dort auch den Begierden-Teil, und dieser Teil ist im Allgemeinen so überwältigend, dass er den anderen, höheren Teil verdrängt. Die Aussage des kleinen Prinzen (Antoine de Saint-Exupéry), „Man sieht nur mit dem Herzen gut“, ist also nicht richtig, denn es gibt eine dunkle Seite im Herzen, und wir müssen wirklich an uns arbeiten, um zu einer Vorherrschaft dieses reinen Sehens, des reinen, lebendigen Herzens zu gelangen.

Es gibt bestimmte Momente im Leben, auf die man seine Aufmerksamkeit richten, und die man verstärken kann, so dass man die Gegenwart von Ihm in der ätherischen Welt immer mehr und immer sicherer haben kann. Wenn die Erscheinung von Ihm nicht spontan über einen kommt, gibt es immer die Möglichkeit, sich in Richtung dieser Erscheinung zu entwickeln. Ich habe im Buch *Zarte Vertröstung* eine Reihe von einfachen Übungen auf diesem Weg beschrieben.

In diesem zweiten Teil über die Wiederkunft, die neben und gleichzeitig mit dem Trost gesucht werden kann, möchte ich einen anderen Ansatz wählen. Wenn man mit seinem irdischen Dasein vollauf zufrieden ist und sich an all den kleinen, feinen Dingen des Lebens erfreut, wenn man sich ein wenig verschließt vor dem Elend in der Welt, wenn man die Augen schließt und die Ohren zuhält, um nicht erleben zu müssen, wie unglücklich Menschen auch sein können, dann ist man nicht in einem Zustand, in dem man die Ätherwelt wahrnehmen könnte.

Die glücklichen Momente, die gerade als Gegengewicht zu den leidvollen Momenten im Dasein auftauchen, sind etwas anderes als die tiefe Zufriedenheit nach einem gelungenen Essen oder einem wunderbaren Abend mit einer Freundin oder einem Freund; die Zufriedenheit mit dem schönen Haus, das man sich gekauft hat, die strahlende Sonne am Strand, die einen warm anstrahlt und leicht bräunt - solche glücklichen Momente bringen einen nicht in die Ätherwelt. Es sind genau die Momente, in denen eine Diskrepanz entsteht zwischen dem, was man auf der Erde ist und dem, was man sich vom Erdenleben wünscht. Oft sind es unbewusste Weisheiten, die in den Menschen leben. Man ist sich der Ursache des leichten Unglücksgefühls nicht klar bewusst. Es ist eine anhaltende Unzufriedenheit mit dem Dasein. Diese kann sich in allerlei Fragen bemerkbar machen, zum Beispiel in der Frage: Was ist eigentlich der Sinn meines Daseins? Ich bin geboren und werde sterben, was bleibt von mir außer einer Erinnerung meiner Lieben? Warum muss ich mich in diesem irdischen Leben so anstrengen, wenn alles, was ich zustande bringe, im Moment meines Todes ohnehin verloren ist? Die Folgen meines Handelns mögen weiterleben, aber wenn sie nicht weltbewegend sind, warum war ich dann überhaupt da?

Eine solche Frage nach dem Sinn des Daseins ist symptomatisch für das Erspüren der Diskrepanz zwischen dem, wie die Dinge sind, und dem, wie sie sein sollten. Jeder, der die Zeitung liest, sollte sich solcher Gefühle bewusst werden. Jeder hat diese Gefühle, aber man kann sie aufgrund all der Meinungen und Urteile, die man hat, leicht überstimmen. Würde man innerlich schweigend die Zeitung lesen, hätte man ständig das schmerzliche Gefühl, dass an nichts etwas richtig ist. Nicht, dass man genau wüsste, wie es sein sollte, wenn es richtig ist, aber man wird sich bewusst, dass die Art und Weise, wie die Dinge in der Welt sind, die Art und Weise, wie die Menschen sind, die Art und Weise, wie man selbst ist, nicht mit dem tiefen Gefühl übereinstimmen, wie die Dinge sein sollten. Dies führt zu einem tiefen Kummer, der sich von dem Kummer unterscheidet, den man aufgrund von persönlichem Unglücklichsein kennt. Bei persönlichem Unglück fühlt man sich einsam, weil man in ein schweres Schicksal verwickelt ist. Wenn man jedoch diesen Kummer erfährt, der mit einer unvollkommenen Welt mit unvollkommenen

Menschen zu tun hat, zu denen man selbst gehört und von denen man weiß, dass sie nicht sofort lösbar sind - dann hat dieser Kummer einen anderen Geschmack als persönlicher Kummer.

Dieser Kummer ist nicht nur bitter, er hat auch eine süße Seite. Der Honig der Weisheit ist mit ihr vermischt. Denn in den unbewussten Tiefen spricht eine unhörbare Stimme die Worte: „Es muss geschehen, was geschehen muss!"

LÄUTERUNG

Der Prozess der Entwicklung und der Läuterung ist ein langsamer Prozess, der nicht im Glück verläuft, sondern dank des Kummers voranschreitet. Die mangelnde Erfüllung, die Unzufriedenheit, das Streben an sich kommen von jenem leichten bittersüßen Schmerz, den man das ganze Leben über empfinden muss, weil man nicht der sein kann, der man eigentlich ist, und weil man bei anderen Menschen sieht, dass sie auch nicht der sein können, der sie eigentlich sind, wodurch man bei sich selbst, aber auch im Umgang mit anderen Menschen immer wieder spürt, dass sich das, was wirklich da ist, nicht realisiert. Die Selbstzufriedenheit führt dazu, dass man das mit Kraft überwindet und sich auf die materielle Existenz konzentriert, die in gewisser Weise perfekt sein kann. Man übertönt seine Gefühle der Unzulänglichkeit mit dem Glanz und der Herrlichkeit des materiellen Lebens. Auf diese Weise kann man alt werden, und so kann man sich, mehr oder weniger untätig gegenüber dem Gefühl der Trauer, auf den Moment des Todes zubewegen, in dem einem die gesammelte Vernachlässigung natürlich immer noch mit all ihrer Wucht erscheinen wird.

Aber zumindest hat man dann das, was man ‚Leben' nennt, hinter sich und blickt nicht auf ein Dasein voller Fragen zurück, die nicht leicht zu beantworten sind.

So wie man versuchen kann, sich vorzustellen, wie sich die Sonne mit ihren Strahlen im Laufe der Zeit über die ganze Erde verteilt, so kann man auch versuchen, sich die Existenz eines Wesens vorzustellen, das diesen Kummer, der in der Diskrepanz zwischen dem, wie es ist, und dem, wie es sein sollte, besteht, in seinem ganzen Ausmaß spürt. Nicht nur für sich selbst, denn für sich selbst gibt es so etwas überhaupt nicht. In ihm gibt es keine Unvollkommenheit. Aber zu seiner Vollkommenheit gehört es, die Unvollkommenheit der Welt in allen leidenden Wesen als Ganzes und doch differenziert für jeden Einzelnen zu erleben. Jeder Mensch trägt ein Tröpfchen davon in sich. Aber dieses Wesen ist der Ozean des Weltschmerzes, der bittersüß ist, weil der Schmerz trotz unserer Unvollkommenheit von seiner Liebe durchdrungen, gleichsam erfüllt ist.

DER HERRLICHE MITTELPUNKT

In unserem menschlichen Dasein kennen wir zwei entgegengesetzte Seinsweisen. Das sind Aktivität und Passivität. Wenn man aktiv ist, hat das einen positiven Effekt auf die Stimmung. Es macht Freude, selbst etwas zu tun. Menschen, die in einer depressiven Stimmung sind, haben in der Regel auch keine Lust, etwas zu tun. Wenn sie das überwinden könnten, müsste die Depression weichen. Aktiv zu sein macht glücklich, passiv zu sein hingegen ist ein sogenannter Leidenszustand. Man erträgt das Dasein, und das ist in der Tat eine traurige Lebenseinstellung, die zwar in gewisser Hinsicht notwendig ist, aber nicht mit Freude vereinbar ist. Das Wort Passivität kommt aus dem Lateinischen und ist eine Konjugation des Verbs leiden.

In der klassischen Philosophie bezeichnet zum Beispiel Aristoteles das Denken noch als ein Leiden. Das hat damit zu tun, dass der Mensch in der griechischen Zeit die Gedanken noch passiv aufnahm, während wir modernen Menschen immer mehr und aktiver Gedanken bilden und sozusagen selbstbewusst eine Entscheidung treffen, ob wir über etwas nachdenken oder nicht.

Das Wahrnehmen mit den Sinnen wurde in der griechischen Philosophie auch als ein Leiden, ein Erleiden beschrieben. Und wenn wir uns selbst beim Wahrnehmen mit den Sinnen betrachten, müssen wir zugeben, dass dies immer noch der Fall ist. Wir können entweder aktiv schauen oder nicht schauen, aber wenn wir schauen, nehmen die Sinne - zum Beispiel das Auge - die Farbe so lange wahr, als sich diese Farbe dem Auge präsentiert. Beim Ohr ist das noch offensichtlicher, denn man kann das Ohr nicht verschließen. Man kann zwar Ohrstöpsel einsetzen, aber an sich kann man das Ohr nicht verschließen, wie man das Auge schließen kann. Mit dem Ohr ist man sozusagen dem ausgeliefert, was in der Außenwelt zu hören ist. Natürlich kann man seine Aufmerksamkeit davon abwenden, aber die Wahrnehmung an sich ist etwas, das einem widerfährt.

Nun ruht man als Mensch gerne in seiner Mitte. Dort ist man bei sich selbst, dort kann man sozusagen faulenzen, man kann sich selbst, die Welt, seine Sinneseindrücke genießen. Wenn man geübt ist, sich selbst zu betrachten, während man wahrnimmt, merkt man, dass dieses Wahrnehmungsbewusstsein eine gewisse Ähnlichkeit mit dem Gewahrwerden einer Speise hat, die einem schmecken kann oder auch nicht. Man erlebt es irgendwo auf dem Weg zu diesem Mittelpunkt. Man empfindet Freude, wenn etwas schön ist, man empfindet Leid, wenn etwas hässlich oder unangenehm ist. Aber das Gewahrsein des Sinneseindrucks ist schon weit von der eigentlichen Sinneswahrnehmung entfernt, und das Ergebnis ist, dass man als Mensch die eigentliche Sinneswahrnehmung, wie sie in einem wirkt, nicht kennt. Man müsste einen Weg gehen, um den Egoismus zu überwinden, der die Sinneseindrücke gleichsam verzehrt und sich zu eigen macht, um mit seiner Erlebnisfähigkeit, mit seinem Bewusstsein rein in den Sinneseindrücken zu leben.

Dies wird durch einen Weg der Konzentration und Meditation möglich. Man lernt, seine Seele zusammenzuziehen und sie von seiner Eigenheit zu lösen, indem man das Bewusstsein auf etwas richtet, das nichts mit seinem Selbst zu tun hat. Dann erlangt man allmählich die Fähigkeit, die verschiedenen Teile der Wahrnehmung und des Denkens sehr genau zu betrachten. Dann wird es möglich, mit der ganzen Kraft seines Bewusstseins in diesem Sinn zu leben. Das kann man nicht auf einmal, dazu ist man bei weitem nicht geschickt genug, aber man kann sich mit der Willenskraft seines Bewusstseins, das sich von seiner Eigenheit gelöst hat, auf einen

Sinn einlassen. Man muss also in der Lage sein, sich sozusagen von diesem bequemen Zentrum zu distanzieren - das manchmal auch ein Leiden in sich trägt, das nicht immer ein Vergnügen ist, aber das Gefühl, bei sich selbst zu sein, ist angenehm -, um sozusagen beim Wahrnehmen mit dem Auge dem Licht und der Wahrnehmung von Licht, der Wahrnehmung von Farbe viel näher zu kommen, als man es im gewöhnlichen Dasein je erlebt. Man muss lernen, das bewusst zu tun.

Ein echter bildender Künstler, und in diesem Fall natürlich besonders ein Maler, der mit Farben arbeitet, hat vermutlich von Natur aus die Gabe, auf diese Weise mit dem Bewusstsein im Auge als Wahrnehmungsorgan zu leben. Als gewöhnlicher Haus-, Garten- und Küchenmensch hat man das eben nicht. Aber man kann es natürlich trotzdem versuchen.

Dann geht man nach draußen und sieht den grünen Rasen oder die Wiese und versucht, sich des ‚Anschauens' an sich bewusst zu werden. Man schaut auf den blauen Himmel, man schaut auf die rote Rose, man schaut auf die orange untergehende Sonne, man schaut auf die gelben Sonnenblumen, man schaut auf die lila Iris. Man erlebt die Unterschiede im Auge oder direkt an seinem Rand. Man erlebt sie also nicht in der bequemen Mitte, wo man sie sozusagen schon mit dem Geschmack vereint hat, sondern man erlebt sie wirklich über die Sinne. Da wird man verstehen, was im Manichäismus mit Jesus Patibilis gemeint ist. Jesus das göttliche Wort, das in den Dingen leidet.

Wenn man dieses Sinnesleiden erfahren kann, dann beginnt man selbst in ein leidvolles Erleben einzutreten, das an der Grenze zwischen dem Körper und der Welt liegt. Dort sieht man nicht nur die Farbe, sondern dort erlebt man Ihn, der mit der Schöpfung schmerzlich verbunden ist.

Wenn man einen Ton hört, einen Duft riecht oder eine Substanz berührt, macht man ähnliche Erfahrungen, nur in einer anderen Sinnesqualität.

Da aber das Auge am engsten mit dem Licht verbunden ist, ist das Sehen der direkteste Zugang zu dieser Empfindung. Man lebt im Sehen im Auge an der Grenze des Physischen, an der Grenze des Ätherischen. Man spürt, wie man vom Ätherischen berührt wird, und man spürt, wie dieses nicht von einem Zentrum ausstrahlt, sondern wie es einen vom Umkreis her berührt. Wenn man sagt: Christus ist das Licht der Welt, dann hat man damit etwas sehr Allgemeines gesagt, etwas, das darin liegt, das Bewusstsein zu wecken, dass alles Licht Christus ist.

Nun nähert man sich dem Wesen Christi, weil man dank der Tatsache, dass man Sinne hat, erleben kann, was das Leiden dieser Sinne ist. Dann beginnt man zu erleben, dass das Sinnesorgan nicht etwas anderes ist als das, was es wahrnimmt.

In der Sinnesphysiologie lernen wir, dass das Sinnesorgan des Auges ein Gerät ist, das Farbe und Licht wahrnehmen kann. Nun nähert man sich mehr und mehr dem Punkt, an dem Goethe gestanden haben muss, als er sagte: „Wäre das Auge nicht sonnenhaft, wie könnte es das Licht erblicken?" Alle Sinne sind Lichtorganismen, die verschiedene Stufen oder Ebenen des Lichts wahrnehmen. Aber wir beginnen zu spüren, dass das Sinnesorgan selbst aus der Lichtstufe besteht, die es wahrnehmen kann. In dem Moment, in dem es das kann, erfährt man bewusst den leidenden Aspekt der Sinnestätigkeit. Das ist dann nicht mehr nur Passivität, sondern das ist hochdifferenzierte Leidensqualität, Leid, das nicht unterschiedslos schmerzhaft ist, sondern ein wundervoll bittersüßes hochdifferenziertes Leid.

DAS SCHICKSAL ALS LEHRE

In der Vertröstung haben wir die glücklichen Momente in unserem Leben gesucht. Jetzt blicken wir zurück in die Vergangenheit und suchen nach den vielen schmerzhaften Momenten. Kein menschliches Leben verläuft nur im Glück; es gibt immer einen großen - oder größeren - Teil, in dem das Unglücklichsein vorherrscht. Es gibt Menschen, die eine glückliche Grundstimmung haben, und andere, die weniger glücklich durchs Leben gehen. Aber gleichgültig, ob man zu der einen oder der anderen Gruppe gehört, schmerzhafte Momente, schmerzhafte Erfahrungen, traurige Stimmungen gibt es immer. In uns Menschen lebt mehr oder weniger bewusst das Gefühl der Empörung oder Rebellion gegen das Schicksal, das uns manchmal so hart treffen kann. Es wird oft als eine Schwierigkeit im Christentum gesehen, dass das Leiden darin eine so große Rolle spielt und sogar über das Glück gestellt wird. Das große Vorbild ist natürlich der Heiland selbst, und die Menschen, die in sich das Bedürfnis verspüren, in der Nachfolge Christi zu leben, scheuen sich nicht vor dem Leiden. Das ist ein schwieriges Phänomen in einer Zeit der Glückssuche. Christus spricht die Worte, dass er diejenigen am meisten züchtigt, die er liebt. In der Geisteswissenschaft spiegeln die christlich-esoterischen Inhalte stets wider, dass das Leiden die Quelle der geistigen Erkenntnis ist, während die Freude ein Geschenk Gottes ist. Wenn man das Leiden als Prüfung ansehen kann, das einem auferlegt wird, um ein besserer Mensch zu werden, dann kann man aus diesem Glauben eine gewisse Kraft schöpfen, um die Qualen des Schicksals mit mehr Bereitschaft, sich in das unabänderlich Scheinende zu fügen, zu ertragen. Aber in der Tiefe wird immer ein Fragezeichen bleiben: Warum muss mir das passieren? Warum werde ich auf diese Weise geprüft? Warum geht es anderen nicht so? Und weitere solche Fragen.

Schmerz, ob körperlich oder seelisch, ist ein unangenehmes Gefühl, und wir vermeiden ihn lieber. Doch die christlichen Weisen sagen, dass man dem Leiden nicht aus dem Weg gehen und es auch nicht suchen soll. Aber wenn es sich uns zeigt, sollten wir es so gut es geht für unsere positive Entwicklung nutzen.

Wenn man auf diese Weise auf sein Leben zurückblickt - und das sollten wir wirklich von Zeit zu Zeit tun -, bekommt man ein anderes Verhältnis zu den schmerzhaften Momenten in seinem Leben. Man beginnt dann, sie als Lehrer zu sehen, die das Schicksal einem schickt, um das zu entwickeln, was einem fehlt, damit man ein ganzer Mensch wird.

So wie es unbewusst immer eine gewisse Empörung gegenüber dem Schicksal gibt, so geht auch unbewusst von jedem schmerzhaften Moment eine Lehre aus, so dass man beim nächsten Mal, wenn man sich in einer ähnlichen Situation befindet, besser weiß, wie man damit umzugehen hat. So kann man sich von seinem jetzigen Standpunkt aus die Frage stellen: „Was hätte ich in meiner Entwicklung vermisst, wenn ich diese oder jene schmerzhaften Momente, diese Katastrophen, diese Leidenszeiten nicht erlebt hätte?" Dazu braucht man eigentlich keine Phantasie, es ist in der Regel sofort ersichtlich, welche Qualitäten man durch das Durchleben des Leids entwickelt hat.

Wenn man den Tröster in der Trauer finden will, dann darf man bei der Suche nicht in der Empörung oder im Erstaunen über die Trauer verweilen, sondern man muss nach den Entwicklungsmomenten suchen, die darin liegen, denn darin lebt Er. Wenn sich die Entwicklung, die stattfindet, in Bildern zeigen würde, hätte man jedes Mal das Bild der ausgestreckten Hand, die einen ergreift, und man würde spüren, erleben, erfahren, dass es nicht um den

Kummer geht, sondern um die Entwicklung, die daraus entsteht.

In diesem Sinne ist die Trauer keine Freude am Schmerz an sich. Im Christentum geht es um die Entwicklungsrichtung zum ganzen Menschen, zum universellen Menschen, zum Menschen, der sich nicht mehr in Extremen auszeichnet, sondern der sich in allem auszeichnen kann. Nicht von heute auf morgen, nicht als erfüllter Wunsch, sondern als ein Prozess, der mehr als ein Leben lang dauert.

Genauso kann man auf die Menschen zurückblicken, die in seinem Leben eine große Rolle gespielt haben, aber auch auf jene, die eine kleine Rolle gespielt haben. Diese können oft trotzdem sehr wichtige Auswirkungen auf uns gehabt haben.

Wenn man seine Kreativität - nicht seine Vorstellungskraft, sondern seine suchende Kreativität - einsetzt, um Erinnerungen an Menschen abzurufen, die eine Rolle in seinem Leben gespielt haben, und wenn man dann versucht, sie aus seinem Leben wegzudenken, wird man auch hier fast sofort erkennen, wie wichtig die Mitmenschen in seinem Leben für seine Entwicklung zur Ganzheit sind. Es gibt einen amerikanischen Weihnachtsfilm aus der Vergangenheit (*It's a wonderful life*, 1946), von dem es heißt, er sei der beste Weihnachtsfilm aller Zeiten, was an sich schon typisch amerikanisch ist, und der meine Erwartungen an den besten Weihnachtsfilm aller Zeiten sicher nicht erfüllt hat. Darin wird aber das Gegenteil gezeigt, nämlich wie das Leben bestimmter Menschen verlaufen wäre, wenn eine Person, der Protagonist, nicht da gewesen wäre. Das ist an sich natürlich eine äußerst interessante Frage, diese Frage könnte man stellen. Aber das ist eine eher egozentrische Übung. Besser ist es, das Gegenteil zu tun, das heißt, sich zu fragen, wer man wäre, wenn man auf all die Menschen verzichten müsste, die in seinem Leben eine Rolle gespielt haben. Diese Menschen haben vielleicht auch Leid verursacht, und so kommen die beiden Betrachtungen zusammen, die Betrachtung der schmerzhaften Momente und die Betrachtung der Menschen, die damit verbunden waren. Natürlich kann man auch durch einen Unfall leiden, in diesem Fall ist es etwas ganz anderes. Aber oft sind die schmerzhaften Momente in unserem Leben dennoch mit bestimmten Menschen verbunden. Denken wir sie weg... Und ganz konkret wird erfahrbar, was man dann alles vermisst hätte!

SELBSTSCHAU

Wenn man so regelmäßig auf sein Leben zurückblickt, sich auf die schmerzhaften Momente konzentriert und anfängt zu erfahren, wie wohltuend die Anwesenheit der Mitmenschen immer ist, auch wenn diese Anwesenheit schmerzhaft ist, dann beginnt gleichzeitig der Blick auf sich selbst zu wachsen, den man vorher gar nicht hatte. Jeder Mensch hat ein Selbstbild von sich und es ist menschlich, dass dieses Selbstbild, abgesehen von vielleicht Unzufriedenheiten, überwiegend positiv ist. Jetzt beginnt zusätzlich eine Gestalt aufzutauchen, die schon da war und die einem - ganz als eigene Erfahrung - zeigt, wie ungeschickt man eigentlich im Leben ist, wie viele Chancen man verstreichen lässt, wie halb oder gar nicht man das Leben nutzt, wie herzlos man oft sein kann, wie nachlässig und unaufmerksam. Diese Selbsterkenntnis hat keine Ähnlichkeit mit dem, was man vielleicht erfährt, wenn man in der Kirche eine Bußpredigt erlebt. Dann kommt diese Predigt ganz von außen und man wird mit moralischen Ermahnungen überschüttet, die nicht aus dem eigenen Innern kommen, auch wenn man ihnen zustimmen mag. Nun kommt etwas, das sich auf eine andere Weise offenbart, nämlich ganz von innen heraus. Man wird sich also nicht dagegen wehren oder die Dinge rechtfertigen, denn es ist die eigene Erkenntnis, dass es so ist, wie es ist. Möglicherweise ist es schmerzhaft, vielleicht möchte man diese Rückschau lieber abbrechen. Aber andererseits spürt man in der Gestalt, die einem erscheint, die Nähe der eigenen Person, und die ist so real, dass man den Drang verspürt, trotzdem weiterzumachen. Wenn man einmal gesehen hat, wo man in der Vergangenheit versagt hat, spürt man, dass die Wahrnehmungsfähigkeit beim nächsten Mal größer sein wird, um es nicht wieder so geschehen zu lassen. Was geschehen ist, ist geschehen, aber man kann lernen, in künftigen Fällen anders zu handeln. Man macht auch die Erfahrung, dass man ein angenehmerer Mensch wird, wenn man nicht völlig in dieses positive Selbstbild verfällt, das natürlich durchaus zutreffend sein kann. Aber die Bescheidenheit, die entsteht, wenn man anfängt, seine Unbeholfenheit im Leben zu sehen, ist eine angenehme Eigenschaft im Umgang mit seinen Mitmenschen.

Man kann erfahren, dass die Hand, welche die Figur, die man ist, für einen malt, eine übersinnliche Hand ist, die einerseits die eigene ist, die aber andererseits auch die eigene Hand führt. In der gewöhnlichen Existenz würde man diese Gestalt weder kennen noch kennen lernen. Nun wird ein lebendiger Doppelgänger von einem sichtbar und erfahrbar, an dem man keinen Augenblick zu zweifeln braucht, der aber, obwohl man voll und ganz erfährt, dass man selbst sein Schöpfer ist, einen dann doch im Sichtbarwerden, im Erlebbarwerden die Hand spüren lässt, die von jenem großen Freund kommt, der in der Ätherwelt die Quelle der Selbsterkenntnis ist. Eine Wirkung des Kontrasts tritt ein. Zuerst noch vage, dann aber immer deutlicher wird man sich der idealen Gestalt des Menschen und, im Gegensatz dazu, seiner selbst bewusst.

Es gibt kein besseres Heilmittel gegen Stolz als diesen Rückblick auf die schmerzhaften Momente in seinem Leben. Und wenn man schon Eindrücke davon bekommen hat, wie lehrreich Schmerz und Leid im Leben sind, so kommt jetzt noch die schmerzliche Entdeckung der eigenen Ungeschicklichkeit hinzu, das Leben zu leben. Vielleicht lebt man wirklich, um das Beste zu tun, was man kann, und empfindet dadurch eine gewisse Zufriedenheit mit sich selbst. Jetzt kommt die wahre Gestalt zum Vorschein, und man lebt mit jener Einzigartigkeit, die das Gute will, aber so wenig erreicht.

Es gibt ein Lied von Mozart für Chor, das so bekannt ist, dass man es übersehen würde. In diesem Lied gibt es eine Phrase, die mit dieser Reihe von Erfahrungen zu tun hat. Es ist das *Ave verum corpus*, Gegrüßet seist du, wahrer Leib! Was hier als Erfahrung der Unvollkommenheit des Lebens beschrieben wurde, das ist eine Bilanz, sozusagen ein Vorgeschmack auf das, was die Prüfung des Todes letztlich für den Menschen ist, in der die Bilanz gezogen wird und jeder Mensch, ob er bereit ist oder nicht, vor dem großen Herrn steht, der mit einem Blick deine Lebensbilanz begutachtet und sie dich erfahren lässt. Das ist eine Prüfung im Tod.

Das wird unter anderem im *Ave verum* gesungen, und es wäre gut, es nicht zu überhören, weil es nun mal so bekannt ist, sondern einmal ganz genau hinzuhören.

GLEICHHEIT
DAS VORSTELLEN

Betrachten wir folgendes: Die Vereinten Nationen haben sich eine Reihe von Zielen gesetzt. Wenn man dies positiv sieht, dann müsste man sagen, dass der Wille da ist, alle Menschen auf der ganzen Erde als gleich und gleichberechtigt zu betrachten, und dass man es nicht dabei belassen will, sondern auch mit allen Mitteln der Politik und der Wissenschaft dafür sorgen will, dass die Menschen tatsächlich auf der ganzen Erde ein anständiges Leben bekommen. Wenn man das so sieht, dann scheint mir, dass niemand etwas dagegen haben kann.

Was aber fehlt, zumindest in der Art und Weise, wie diese Ziele kommuniziert werden, ist ein Gefühl für die Tragweite dieser Gleichheit und gleichen Berechtigung. Damit begibt man sich natürlich schnell auf religiöses Gebiet, und das darf man normalerweise nicht berühren.

In diesem Buch tue ich das und sage: Angenommen, es gibt irgendwo auf der Welt ein Wesen, das diese Gleichheit und gleiche Berechtigung sozusagen repräsentiert. Dann müssten die Vereinten Nationen ihre Inspirationen für die Formulierung ihrer Ziele von diesem Wesen erhalten haben. Aber dann müsste man dieses Wesen auch als tatsächlich existent ansehen und dann würde man fragen wollen: Gibt es nicht etwas in der Welt, was das menschliche Leben und Funktionieren betrifft, wo dieses Allgemein-Menschliche schon von Natur aus vorhanden ist?

Wenn wir nicht weiter darüber nachdenken, könnten wir sofort sagen: Ja, das ist der menschliche Körper des Menschen. Jedes Individuum ist ein Exemplar der Gattung, und damit ist die Gleichwertigkeit gegeben.

Aber wir wissen natürlich, dass es so einfach nicht ist. Gerade die Unterschiede in der Körperlichkeit haben in der Vergangenheit das Gegenteil von Gleichberechtigung und Gleichheit hervorgebracht. Wenn man also Gleichheit anstrebt, liegt es nahe, gerade die körperlichen Unterschiede, die ja nur äußerliche Unterschiede zu sein scheinen, völlig über Bord zu werfen und die Würde der Menschen mit allen körperlichen Eigenschaften, die sie äußerlich oder innerlich haben, gleichzusetzen.

Beim Körper können wir also nicht in erster Linie Zuflucht suchen.

Wenn wir uns dann die Möglichkeiten des Handelns anschauen, der Arbeit zum Beispiel, was die Menschen machen, aber auch den ganzen Bereich, wo sie sich wohlfühlen und wo sie sich nicht wohlfühlen, dann kann man auch nicht sagen, das ist ein allgemein menschlicher Bereich. Auch da scheint das Gegenteil der Fall zu sein, weil das, was die Menschen wollen, in der Regel überhaupt nicht miteinander übereinstimmt.

Wenn man also sagt: Wir müssen den Menschen jetzt überall auf der Erde gleiche Rechte und Gleichheit geben, aber auch gleiche wirtschaftliche Bedingungen, gleiche Entwicklungschancen und so weiter, dann muss man sich sofort mit den Willensunterschieden auseinandersetzen.

Wenn eine Gruppe von Menschen religiös veranlagt ist, dann ist der Wille ein anderer, als wenn eine Gruppe von Menschen sozialistisch veranlagt ist. Es liegt auf der Hand, dass im menschlichen Willen eine scheinbar unendliche Vielfalt von Willen steckt.

Das Gleiche gilt für die Gefühle, von denen man manchmal sagt, dass sie auf Vorlieben beruhen. Das deutet bereits darauf hin, dass das, was Menschen über Dinge und Sachverhalte in der Welt erleben, unendlich unterschiedlich ist.

Wenn man befreundet ist, ist man es oft, weil sich der Wille und der Geschmack einigermaßen ähneln, was bedeutet, dass man in Gesprächen und bei gemeinsamen Unternehmungen nicht allzu weit auseinander liegt. Wenn Sie Sushi hassen und es das Lieblingsgericht Ihrer Freunde ist, dann wird es schwierig, gemeinsam essen zu gehen und zusammen zu genießen, wie wenn Sie es beide mögen würden. Das ist nur ein Beispiel. Das Gleiche gilt für Sport, Kunst, Musik, Reisen und so weiter.

Wie wollen Sie die Menschen dazu bringen, das Gleiche zu wollen, wo dieses Gleiche gar nicht existiert? Denn wie langweilig würde das Leben werden, wenn alle das Gleiche wollten und alle das Gleiche erlebten. Das Interessante im Leben ist genau diese Vielfalt.

Das ist dann auch ein Wort, das viel klingt, aber das klingt in der Regel nicht im Zusammenhang mit der Vielfalt der Menschen, sondern es klingt im Zusammenhang mit der Vielfalt in der Natur. Es muss sichergestellt werden, denkt man, dass die ursprüngliche Vielfältigkeit der Natur erhalten bleibt. Aber der Mensch ist von Natur aus - auch wenn er selber zu einer Art in der Natur gehört - das vielfältigste Wesen, das die Natur hervorbringt.

Ist also irgendwo eine Ähnlichkeit beim Menschen zu finden?

Wenn jenes Wesen, für das alle Menschen gleich sind, und das selbst die Gleichwertigkeit ist, einen Berührungspunkt in der Menschheit finden sollte, dann müsste es dort sein, wo die Menschen von Natur aus Übereinstimmung haben.

Auch in der Sprache sind sich die Menschen natürlich nicht einig. Wer in fremde Länder reist, macht auf diesem Gebiet weitreichende Erfahrungen. Man trifft dann auf Menschen, die körperlich zur gleichen Spezies gehören wie man selbst, aber man versteht kein Wort von dem, was sie sagen. Sie verstehen sich gegenseitig, aber man kann ihnen absolut nicht folgen. Man weiß, wenn man anfängt, Unterricht zu nehmen oder einen Kurs zu besuchen, oder wenn man es immer wieder versucht, wenn man längere Zeit bei einem solchen Volk ist, dass man diese Sprache verstehen, sprechen und schreiben lernen kann. Aber anfangs versteht man kein Wort davon.

Warum ist es dann möglich, dass man irgendwann doch noch zu einem Verständnis kommt? Dass man trotzdem verstehen kann, worum es geht? Das hat damit zu tun, dass es einen allgemein menschlichen Bereich in der Sprache gibt, den man vielleicht wegen der Sprachunterschiede nicht kennt, den man aber kennenlernt, weil in der Sprache noch etwas anderes aktiv ist. Das ist das Denken, das ist das Verstehen, das ist das Vorstellen.

Wenn man mit unterschiedlich sprechenden Menschen auf einen Tisch schaut und der eine sagt ‚Tisch' und der andere sagt ‚Mesa', dann weiß man irgendwann, dass man das Gleiche meint.

Dann hat man einen Bezugspunkt. Dann kann man sagen: Aha! Was ich ‚Tisch' nenne, was da steht, das nennt der andere ‚Mesa'.

Wenn man darauf achten würde - das tut natürlich niemand -, dann würde man feststellen, dass der andere dasselbe meint, wie man selbst, wenn man ‚Tisch' sagt und er ‚Mesa' sagt. In der Absicht mit dem Wort liegt die Gleichheit. Die Art des Ausdrucks ist unterschiedlich. Wenn man anfängt, das zu merken, wird die Kommunikation in einer Fremdsprache plötzlich viel einfacher, weil Sie merken, dass Sie in bestimmten Situationen offensichtlich Dinge denken, die der andere auch denkt, aber er spricht sie in seiner Sprache aus und Sie in Ihrer. Man versteht sich also nicht, aber man kann den Sinn verstehen. Auf diese Weise können Sie sich allmählich in der Sprache zu Hause fühlen, und so geht es immer. Es gibt keinen anderen Weg: Wenn man auch in der Absicht getrennt wäre, könnte man nie eine andere Sprache lernen. Das kann man nur, weil man in dem, was man mit der Sprache ausdrücken will, schon gleich ist. Das scheint nicht so zu sein, denn viele Menschen denken mit Worten. Aber hinter diesen Worten steckt eine Absicht, und diese Absicht ist dieselbe, egal welche Sprache man spricht.

Hier liegt also ein Ansatzpunkt für uns Menschen. Es gibt eine Gleichheit aller Menschen, zu der man ganz einfach Zugang haben kann. Man muss nur mit dem Gedanken vertraut gemacht werden, und schon weiß man, dass er wahr ist. Natürlich kann man immer alles mit komplizierten philosophischen Überlegungen wieder rückgängig machen, aber die allererste Erkenntnis ist doch, dass es wirklich so ist, dass hinter jedem gesprochenen Wort eine Absicht steht, was man sagen will. Da spielt die Sprache keine Rolle. Ob jemand Chinesisch oder Englisch oder eine andere Sprache spricht, das, was man sagen will, ist nicht anders, aber die Form des Ausdrucks ist anders. Dann kann man natürlich sagen: Ein Chinese hat einen anderen Hintergrund und er kann ganz andere Dinge meinen. Aber das ist nicht das, was hier gesagt wird. Natürlich kann es auch hier große inhaltliche Unterschiede in der Bedeutung geben, aber es geht hier darum, was ein Wort bedeutet. In dieser Bedeutung gibt es keinen Unterschied zwischen den Menschen. Aber es gibt einen im Wort.

Wir können versuchen, sozusagen vom Wort zur *Bedeutung* des Wortes ‚zurückzuschalten' Wenn man diese denken könnte, ohne in das Wort zu fallen, wäre man in einer grandios erweiterten Welt der universellen Menschlichkeit.

Aristoteles hat das schon festgestellt in seiner *Lehre vom Satz:*

„Zuerst müssen wir feststellen, was Nomen und was Verbum, dann, was Verneinung, Bejahung, Aussage und Rede ist. Es sind also die Laute, zu denen die Stimme gebildet wird, Zeichen der in der Seele hervorgerufenen Vorstellungen, und die Schrift ist wieder ein Zeichen der Laute. Und wie nicht alle dieselbe Schrift haben, so sind auch die Laute nicht bei allen dieselben. Was aber durch beide an erster Stelle angezeigt wird, die einfachen seelischen Vorstellungen, sind bei allen Menschen dieselben, und ebenso sind es die Dinge, deren Abbilder die Vorstellungen sind."

GLEICHHEIT
DIE WAHRNEHMUNG

Es gibt noch einen anderen Bereich im menschlichen Wesen, in dem die universelle Menschlichkeit selbstverständlich ist, nur ist dieser Bereich nicht so unmittelbar als solcher erkennbar. Es geht um die Sinne, mit denen wir als Menschen uns selbst und die Welt wahrnehmen. Da nun niemals zwei Menschen den genau gleichen Platz in der Welt einnehmen, kann es gar nicht anders sein, als dass die Perspektive, die wir als Menschen durch die Sinneswahrnehmung haben, gar nicht universell ist. Außerdem verändert sich die Wahrnehmung ständig und ist eigentlich nie im Stillstand. Wir sollten uns also nicht mit diesen Unterschieden befassen. Wir sollten uns die Sinneswahrnehmung an sich ansehen.

Angenommen, ich stehe in meinem Garten und bewundere den alten Rosenstrauch, der dort in voller Blüte steht. Mein Nachbar steht ebenfalls in seinem Garten und hat ebenfalls einen blühenden alten Rosenstrauch. Man kann nicht sagen, dass er dasselbe sieht wie ich. Er hat einen anderen Ort, aber er sieht auch einen anderen Strauch. Dennoch kann man sagen, dass der Nachbar, wenn er jetzt in diesem Moment an meiner Stelle stünde, dasselbe wahrnehmen würde, was ich jetzt wahrnehme - und umgekehrt, wenn ich jetzt in diesem Moment an seiner Stelle stünde, würde ich dasselbe wahrnehmen, was er jetzt wahrnimmt. Das ist natürlich schwer zu beweisen, weil es nicht durchführbar ist, und außerdem gibt es eine Menge philosophischer Theorien darüber, dass die Wahrnehmung an sich unterschiedlich ist. Die Sinne, die der Mensch hat, gehören zu einem bestimmten Körper, und der Körper hat individuelle Eigenschaften. Es kann sein, dass mein Auge besser ist als das Auge meines Nachbarn. Es kann auch sein, dass meine Wahrnehmungsfähigkeit größer ist als die des Nachbarn oder umgekehrt, so dass das Bild, das mir erscheint, ein anderes ist als das Seinige - sogar wenn ich am selben Ort und zur selben Zeit dastünde. Aber wir sollten uns von diesen Unterschieden lösen und versuchen zu begreifen, dass ein gesundfunktionierender Körper mit gesunden Sinnen universelle Wahrnehmungen ermöglicht - so wie eine gesunde Leber bei Bluttests bei allen Werte anzeigt, die innerhalb bestimmter Grenzen liegen.

Schließlich haben wir zum Beispiel auch die Lesekarte in der Arztpraxis, auf der wir dem Patienten Buchstaben oder Zeichnungen zeigen, die er erkennen kann, und die universell erkennbar sind. Es geht auch nicht nur um das Auge. Aber weil uns das Auge als Sinnesorgan am nächsten und am vertrautesten ist, habe ich das Beispiel des Auges genommen.

Wenn wir nun in den Konzertsaal gehen und ein Klavierkonzert von Mozart hören, werde ich dasselbe hören wie mein Nachbar. Wahrscheinlich nehme ich etwas anderes wahr, aber die reine Sinneswahrnehmung ist die gleiche. Das ist etwas, womit man sich bei der Suche nach etwas, in dem wir Menschen universell gleich sind, erlebend einlassen sollte, und man wird finden, dass es bei allen Unterschieden zwischen den Menschen auch eine große Universalität gibt.

Mit ein wenig Anstrengung kann man diese Universalität in der Sinneswahrnehmung finden. Wenn ich in Japan bin, nehme ich natürlich etwas anderes wahr als wenn ich in Afrika bin. Aber das ist nicht der Punkt. Es geht um die Möglichkeit der Wahrnehmung unabhängig vom Inhalt, um die Wahrnehmung an sich also.

Nun ist es für Menschen im Allgemeinen sehr schwierig, diesen Bereich, auf den ich mich hier beziehe, zu erkennen, weil wir so sehr mit dem Inhalt und den damit verbundenen Gefühlen und Urteilen verbunden sind. Aber man kann lernen zu sehen, dass die reine Qualität der Sinneswahrnehmung eine universelle Tatsache ist, auch wenn sie durch den Körper individualisiert wird, weil der Körper unterschiedliche Qualitäten hat und auch Ort und Zeit unterschiedlich sind.

Man könnte sich fragen, ob ein Rosenstrauch beim Betrachten im 10. Jahrhundert die gleiche Wahrnehmung hervorrief wie ein Rosenstrauch im 21. Jahrhundert. Das lässt sich natürlich nicht einfach so feststellen, aber es ist auch falsch, einfach anzunehmen, dass ein Mensch von damals genau die gleiche Sinneswahrnehmung hatte, wie wir sie haben. Natürlich gab es eine ganz andere Erlebniswelt und auch eine andere Welt des Denkens. Die Frage ist: War die physische Wahrnehmungsfähigkeit dieselbe? Möglicherweise nicht. Aber wenn wir uns anschauen, wie wir uns selbst und die Welt jetzt in diesem Zeitalter in dieser Welt mit unserer Sinneswahrnehmung wahrnehmen, dann gibt es da einen universellen Bereich.

Wir haben also zwei Bereiche gefunden, in denen wir eine Ähnlichkeit mit dem Wesen der universellen Menschheit haben.

Mit dem, was man nicht kann, hat man keine Verwandtschaft. Es ist also schwierig, mit dem in Kontakt zu kommen, zu dem man keine Verwandtschaft hat. Wenn man als Mensch nichts Universelles hätte und nur Individualität oder Persönlichkeit wäre, dann hätte man keine Verwandtschaft mit dem Wesen der universellen Menschheit und könnte auch keinen Kontakt mit ihm haben. Denn es gäbe nirgendwo eine Verbindungsstelle.

Jetzt haben wir diese beiden Bereiche gefunden; das Denken in Universalia, in universellen Gedanken und das Wahrnehmen als universelle Disposition. Das sind also die beiden Verbindungsstellen des Menschen zu Christus in der ätherischen Welt, in der Erkenntnis.

Es ist klar, dass die Wahrnehmung dieser beiden universell menschlichen Bereiche nicht sofort auch zu einer Wahrnehmung von Christus in der ätherischen Welt führt. Die Sinne arbeiten so physisch, dass man dadurch diese Wahrnehmung eher von sich wegstößt, als dass man sie im Bewusstsein zu sich bringt. Und das Vorstellen, das Denken ist so flüchtig und wirklichkeitsfern, dass es sozusagen in einen Bereich hineinfällt, wo die Liebe, die nötig wäre, um diese Wahrnehmung zu haben, nicht mehr gefunden werden kann.

Wir müssen etwas mit uns selbst tun, wenn wir uns für die Wahrnehmung des Christus in der ätherischen Welt bereit machen wollen. Wir können uns nur bereit machen. Ob Er uns Seine Gegenwart offenbaren will, hängt nicht von uns ab - so scheint es zumindest.

Wenn man aber versucht, sich die Beziehungen zwischen dem Menschen und der geistigen Welt vorzustellen, dann hat man das Gefühl, dass Er sich jedem Menschen gerne offenbaren würde, aber der Mensch diese Offenbarung nicht will.

DIE ILLUSION DER VOLLKOMMENHEIT

Diejenigen, die sich danach sehnen, Christus in der ätherischen Welt zu schauen, und diejenigen, die dieses Schauen noch nicht empfangen haben, sollten sich fragen, was der Grund dafür ist. Wir finden die Antwort auf diese Frage nicht im Alltagsbewusstsein. Dort haben wir auch nicht genug Ausdauer, um mit einer solchen Frage zu leben. Dort ist man daran gewöhnt, eine Frage sofort beantworten zu können, oder zu wissen, dass man keine Antwort hat, und dann lässt man die Sache auf sich beruhen - oder man forscht nach.

Bei dieser Frage geht es um sehr intime Antworten. Diese Antworten liegen nicht unmittelbar vor Augen. Vielleicht möchte man ja doch antworten: Ob Christus mir erscheinen will, hängt von Seinem Willen ab, nicht von meinem. Und wenn ich diese Erscheinung nicht empfange, bedeutet das, dass Er mich nicht für reif dafür hält. Das ist an sich eine plausible Antwort, und aus der Sicht des kirchlichen Christentums ist vielleicht schon der Wunsch, Ihn zu schauen, ein Ausdruck von Stolz und Eitelkeit.

Aber wir nähern uns ihm aus einer anderen Perspektive als aus der des kirchlichen Christentums.

Das Erscheinen Christi in der Ätherwelt ist eine Tatsache, die wir nicht kennen würden, wenn nicht Rudolf Steiner zu Beginn des 20. Jahrhunderts seine Wiederkunft offenbart hätte. Wir sollten uns dessen bewusst sein. Jetzt wissen wir, dass Er in einer Form in der irdischen Sphäre gegenwärtig ist, die für unsere Seele direkt sichtbar sein sollte, wenn diese Seele es in der richtigen Weise wollte. Wenn man sich nach der Erscheinung sehnt, wird man sagen: „Sicherlich ist das mein Wille!“. Aber der Wille, der im Bewusstsein erscheint, ist nur ein sehr kleines Fragment des eigentlichen menschlichen Willens, der in unabsehbare Tiefen reicht. Wenn man die Frage stellen will: „Warum darf ich Christus nicht schauen?", dann muss man mit seiner Selbstprüfung in diese unermesslichen Tiefen des menschlichen Willens eintauchen.

Ich habe in den beiden vorangegangenen Kapiteln gezeigt, dass es im Vorstellungsleben, im Denken, einen universalen Bereich gibt, in dem man hoffen kann, mit dem universalen Wesen des Herrn verwandt zu sein, ebenso in der Sinneswahrnehmung. Aber die eigene Seele hat so viele Eigenschaften, die nicht mit dem universellen, liebenden Charakter Christi übereinstimmen, dass man in Wirklichkeit blind für ihn ist. Man kann nicht sehen, womit man keine Verwandtschaft hat. Aber warum sollte man diese Verwandtschaft nicht haben?

Das ist doch eine Frage, die man sich ernsthaft stellen muss. Und dann ist es eine große Hilfe, wenn man eine Beschreibung eines Menschen findet, der diese Erscheinung hatte, allerdings nicht in der Neuzeit, sondern in der Zeit kurz nach dem Erscheinen Christi auf der Erde. Dann sieht man in wenigen Worten gemalt, warum man sich vor Seiner Erscheinung verschließt. Es ist die Erscheinung des Alpha und Omega für den Schreiber der Apokalypse:[1]

„Und ich wandte mich um, zu sehen nach der Stimme, die mit mir redete. Und als ich mich umwandte, sah ich sieben goldene Leuchter und mitten unter den Leuchtern einen, der war einem Menschensohn gleich, der war angetan mit einem langen Gewand und gegürtet um die Brust mit einem goldenen Gürtel. Sein Haupt aber und sein Haar war weiß wie weiße Wolle, wie Schnee, und seine Augen wie eine Feuerflamme und seine Füße gleich

[1] Offenbarung 1

Golderz, wie im Ofen durch Feuer gehärtet, und seine Stimme wie großes Wasserrauschen; und er hatte sieben Sterne in seiner rechten Hand, und aus seinem Munde ging ein scharfes, zweischneidiges Schwert, und sein Angesicht leuchtete, wie die Sonne scheint in ihrer Macht.

Und als ich ihn sah, fiel ich zu seinen Füßen wie tot; und er legte seine rechte Hand auf mich und sprach: Fürchte dich nicht! Ich bin der Erste und der Letzte und der Lebendige. Ich war tot, und siehe, ich bin lebendig von Ewigkeit zu Ewigkeit und habe die Schlüssel des Todes und der Hölle. Schreibe, was du gesehen hast und was ist und was geschehen soll danach.

Das Geheimnis der sieben Sterne, die du gesehen hast in meiner rechten Hand, und der sieben goldenen Leuchter ist dies: Die sieben Sterne sind Engel der sieben Gemeinden, und die sieben Leuchter sind sieben Gemeinden."

Eine ganz andere Beschreibung der Erscheinung ist die Bekehrung von Saulus zu Paulus:[2]

„Saulus aber schnaubte noch mit Drohen und Morden gegen die Jünger des Herrn und ging zum Hohenpriester und bat ihn um Briefe nach Damaskus an die Synagogen, dass er Anhänger dieses Weges, Männer und Frauen, wenn er sie fände, gefesselt nach Jerusalem führe.

Als er aber auf dem Wege war und in die Nähe von Damaskus kam, umleuchtete ihn plötzlich ein Licht vom Himmel; und er fiel auf die Erde und hörte eine Stimme, die sprach zu ihm: Saul, Saul, was verfolgst du mich? Er aber sprach: Herr, wer bist du? Der sprach: Ich bin Jesus, den du verfolgst. Steh auf und geh in die Stadt; da

[2] Apostelgeschichte 9

wird man dir sagen, was du tun sollst. Die Männer aber, die seine Gefährten waren, standen sprachlos da; denn sie hörten zwar die Stimme, sahen aber niemanden. Saulus aber richtete sich auf von der Erde; und als er seine Augen aufschlug, sah er nichts. Sie nahmen ihn aber bei der Hand und führten ihn nach Damaskus; und er konnte drei Tage nicht sehen und aß nicht und trank nicht.

Es war aber ein Jünger in Damaskus mit Namen Hananias; dem erschien der Herr und sprach: Hananias! Und er sprach: Hier bin ich, Herr. Der Herr sprach zu ihm: Steh auf und geh in die Straße, die die Gerade heißt, und frage in dem Haus des Judas nach einem Mann mit Namen Saulus von Tarsus. Denn siehe, er betet und hat in einer Erscheinung einen Mann gesehen mit Namen Hananias, der zu ihm hereinkam und ihm die Hände auflegte, dass er wieder sehend werde. Hananias aber antwortete: Herr, ich habe von vielen gehört über diesen Mann, wie viel Böses er deinen Heiligen in Jerusalem angetan hat; und hier hat er Vollmacht von den Hohenpriestern, alle gefangen zu nehmen, die deinen Namen anrufen. Doch der Herr sprach zu ihm: Geh nur hin; denn dieser ist mein auserwähltes Werkzeug, dass er meinen Namen trage vor Heiden und vor Könige und vor das Volk Israel. Ich will ihm zeigen, wie viel er leiden muss um meines Namens willen.

Und Hananias ging hin und kam in das Haus und legte die Hände auf ihn und sprach: Lieber Bruder Saul, der Herr hat mich gesandt, Jesus, der dir auf dem Wege hierher erschienen ist, dass du wieder sehend und mit dem Heiligen Geist erfüllt werdest. Und sogleich fiel es von seinen Augen wie Schuppen, und er wurde wieder sehend; und er stand auf, ließ sich taufen und nahm Speise zu sich und stärkte sich.

Saulus blieb aber einige Tage bei den Jüngern in Damaskus. Und alsbald predigte er in den Synagogen von Jesus, dass dieser Gottes Sohn sei."

Wenn man sich mit seinem Gefühl in diese beiden Erscheinungen vertieft, meditativ, so dass man länger mit dem Gefühl verweilt und in dem lebt, was dort geschah, dann lernt man die unbeschreibliche Herrlichkeit und Vollkommenheit des Herrn selber zu erleben, und man spürt sofort, dass man deshalb nicht will. Die meisten Menschen können es absolut nicht ertragen, wenn sich irgendeine Kleinigkeit in ihnen als unvollkommen erweist. Als Menschen sind wir in keiner Weise perfekt, aber es gibt eine Illusion von Vollkommenheit. Je stärker diese Illusion ist, desto größer ist der Ärger, wenn man mit einem Ereignis konfrontiert wird, das zeigt, dass Vollkommenheit eine Illusion ist. Wie soll ein solcher Mensch den Anblick der göttlichen Herrlichkeit und Vollkommenheit ertragen, die sich die Menschen nicht einmal vorstellen können?

Paulus wird von Blindheit geschlagen. Johannes nicht, aber er fällt wie tot zur Erde. Dann stellt sich heraus, dass er weit genug entwickelt ist, um die Begegnung mit dem Menschensohn zu ertragen.

Die Illusion der Vollkommenheit ist der Hauptgrund dafür, dass die Begegnung mit Christus in den Tiefen der eigenen Seele abgelehnt wird. Man kann sich keinen wirksameren Schlag gegen die Illusion des Menschen vorstellen als diese Begegnung. Man kann bei Menschen, die diese Erfahrung gemacht haben, immer feststellen, dass sie von diesem Moment an ein anderer Mensch geworden sind.

Es ist nicht dasselbe wie eine Nahtoderfahrung. Es ist eine Konfrontation im positiven Sinne.

Die Güte, Größe, Ewigkeit, Macht, Weisheit, der Wille, die Tugend, Wahrheit und Offenbarung des göttlichen Wesens, das Mensch geworden ist, scheint auf.

Wie will man das aushalten als nicht guter, nicht großer, nicht ewiger, nicht mächtiger, nicht weiser, nicht willensstarker, nicht tugendhafter, nicht wahrhaftiger, nicht glorreicher Mensch – der meint, das alles zu sein?

Die Begegnung, diese unbeschreibliche Vollkommenheit, ist süß, aber unerträglich.

Die Verzückung, die der menschliche Geist bei ihrem Anblick empfindet, wird durch den Schmerz aufgewogen, der entsteht, wenn er den Kontrast erfährt.

Die Antwort auf unsere Frage lautet also: Wenn ich wirklich die Anschauung Christi in der ätherischen Welt wünsche, dann ist es notwendig, dass ich auch die wahre Selbsterkenntnis wünsche. Dann muss ich mich darauf vorbereiten, dann muss ich wissen, dass ich, wenn diese Anschauung eintritt, von der Herrlichkeit, der Offenbarung auf die Erde geworfen werde, weil sie im Gegensatz zu meinem eigenen, noch in der Entwicklung befindlichen Wesen steht. Wenn man bewusst darauf vorbereitet ist, ist es überhaupt nicht schwer. Aber wenn man diese Tatsache, mit der man sich auseinandersetzen muss, im Unbewussten lässt, ist das gerade die Blindheit.

DIE FURCHT VOR DER HERRLICHKEIT

Neben der Eitelkeit als innerer Qualität, die uns daran hindert, Christus in der ätherischen Welt zu schauen, gibt es die Angst. Es gibt einen alten Film über einen römischen Soldaten, der im Mantel Christi die Nachwirkungen spürt, in dem Mantel, den Christus trug, als er ans Kreuz ging. Der Mantel, den die Soldaten unter sich aufgeteilt haben.

Dieser Mantel erschreckt diesen römischen Soldaten sehr. Er spürt das Wirken Christi in ihm und kann nicht damit umgehen. Schließlich kann er es doch und wird einer der ersten römischen Christen. Es ist ein alter Film und offensichtlich kein sehr gutes Medium, um diese Dinge zu vertiefen. Und doch ist es gerade in diesem Medium etwas ganz Besonderes, weil man die Macht und die Kraft des Christuswesens sieht, die sogar in seine Kleider durchwirkt, und welche Wirkung das auf den Menschen haben kann.

Ein weiteres Beispiel für die Gottesfurcht, die den Menschen befällt, wenn er Gott von Angesicht zu Angesicht gegenübersteht, ist die Offenbarung des Wesens Krishnas, die seinem Freund Ardjuna in dem altindischen Gedicht Bhagavad Gita zukommt. Die beiden sind gute Freunde, und Ardjuna kennt seinen Freund Krishna als einen hochgesinnten Mann. Doch als er ihn bittet, sein Wesen zu offenbaren, und Krishna dies tut, wird Ardjuna von der Furcht vor Gott überwältigt, weil ihm die unendliche Macht und Stärke offenbart wird. Hier ist es nicht einmal Gott selbst, der sich da offenbart, sondern es ist der Träger, man könnte sagen, des göttlichen, des engelhaften Wesens, in dem sich Christus in der ätherischen Welt offenbart.

Es ist das ungeheure göttliche Wirken, aber nicht nur das Wirken, auch die unendliche Güte und der allumfassende Inhalt des Christuswesens, die den Menschen erschrecken. Man kann sich vorstellen, dass man die Verletzbarkeit, die Vergänglichkeit noch nie so sehr gespürt hat wie in dem Moment, in dem man diese Offenbarung empfängt.

Nur wenn man den wahren Glauben hat, dass dieses göttliche Wesen die Liebe selbst ist, die nur das Gute für einen will und verwirklicht, kann man diese Offenbarung aushalten.

Aber wir, in unserer Welt der Natur und der Technik, der Politik, der Weltherrschaft, sind im Allgemeinen nicht intensiv genug bereit, uns damit zu befassen, wer dieses Wesen eigentlich ist, dem man von Angesicht zu Angesicht begegnen würde, wenn man wirklich zu einer Anschauung von Christus in der Ätherwelt käme.

Wenn es sich um eine Anschauung handelt, die sich auf einen Beistand von Ihm durch eine irdisch werdende Erscheinung stützt, durch die Er heilsam wirkt, treten diese Gefühle nicht auf. Aber wenn es wirklich eine solche Offenbarung ist, wie an Johannes oder an Paulus oder an Ardjuna, nicht als diese schnell vorbeiziehende Aktivität in einer Menschengestalt, dann entsteht die Angst, und das Wissen um diese Angst, die jeder Mensch tief in sich trägt. Sie macht einen blind für die Anschauung.

Es ist auch der Ruf, der von ihr ausgeht. Wenn man jemand ist, der das Leben auf der Erde, alle damit verbundenen Freuden, liebt, dann ist man weniger geneigt, sich nach einer spirituellen Offenbarung zu sehnen, und dann kann einen der bloße Gedanke an ein Wesen, das im Geiste existiert und das allem, was ist, zugrunde liegt, zu Tode erschrecken, weil man das Gefühl hat, dass die Anerkennung der Existenz des Wesens unwiderruflich dazu führen muss, dass man seinem übermäßigen Bedürfnis nach Vergnügen entsagt. Man muss jedoch nicht auf Vergnügen und Glück verzichten. Es ist nur so, dass eine Metamorphose dessen, was Glück ist, stattfindet, und das wollen die Menschen von Vornherein nicht. Wenn man sich dann doch nach Ihm sehnt, wird es schwierig, die beiden Leben zusammenzubringen. Das liegt viel tiefer, als man denkt.

Viele Menschen hingegen können auf einen gewissen Lebensgenuss verzichten, sie können genügsam leben, brauchen wenig und sind mit sehr bescheidenen Mitteln glücklich. Solche Menschen werden diese Angst vor dem göttlichen Wesen weniger spüren. Aber auch in solchen Menschen ist eine tiefsitzende Angst vor dem Geist verborgen. Auch als bescheiden lebender Mensch kann man ein Erzmaterialist sein. Es ist die Angst, die greifbare Stütze der materiellen Existenz zu verlieren, die einen unfähig macht, zu dem Punkt zu gelangen, an dem man jenes Sein ertragen kann, das der materiellen Existenz vorausgeht und nach ihr existieren wird - was an sich wenig damit zu tun hat, bescheiden zu leben und wenig zu brauchen.

Durch die Angst in der Seele ist der Mensch so verkrampft, dass ihm die Offenheit fehlt, zu einer Schau jenes höchsten geistigen Wesens zu kommen. Es bleibt verborgen, nicht weil es sich nicht zeigen möchte, sondern einzig und allein, weil man es nicht sehen will, um nicht in seinem materiellen Dasein gestört zu werden. Das wäre eine Störung, die einem unheilige Ängste bereitet.

DURCHSICHTIGKEIT

Dank der Geisteswissenschaft wissen wir, dass sich die Erde seit dem vierten Jahrhundert nach Christus in einem materiellen Verfallszustand befindet, während der Mensch mehr und mehr in einer rein geistigen Existenz mit Bewusstsein lebt. Das ganze Klima- und Umweltproblem ist also eigentlich kein Problem, sondern ein natürlicher Prozess, der notwendig ist, damit wir als Menschen immer weniger von der Erde in unserer geistigen Existenz behindert werden.

Schließlich lenkt uns die Erde mit all ihren Reichtümern immer noch ziemlich stark von dem Bereich ab, in dem wir eigentlich leben. Wir haben unseren Blick auf die physisch-materielle Existenz gerichtet und wissen zu wenig, dass wir jetzt - auch wenn wir auf der Erde leben - in der geistigen Welt zu Hause sind. Wir müssen nur einen Weg finden, das Bewusstsein daran zu gewöhnen.

Ich habe nun beschrieben, wie der Mensch selbst dem Wunsch, Christus in der ätherischen Welt zu schauen, im Wege steht.

Die starke Anziehungskraft, die noch von der leiblichen Existenz ausgeht, ist ein wichtiger Teil davon. Es ist der Weg der Konzentration und Meditation, der es uns ermöglicht, mehr und mehr mit vollem Bewusstsein in der geistigen Welt zu leben, während die materielle irdische Existenz mehr und mehr ignoriert werden kann. Das heißt nicht, dass man dadurch kein Mitgefühl mehr für das hat, was auf der Erde geschieht. Man könnte dies nur viel objektiver und mit mehr Wahrhaftigkeit verfolgen, wenn das materielle Dasein einen nicht ständig in Irrtümer ablenken würde. Indem man sich stark auf einen einzigen Gedanken konzentriert, konzentriert man sich gleichsam los von seinem physisch-materiellen Körper und zieht sich zusammen in das Bewusstsein, in dem man eigentlich zu Hause ist. So kann man zur wahren Selbsterkenntnis gelangen. Aber das befähigt einen noch nicht, die geistige Welt außerhalb von einem zu schauen.

Dazu ist neben der Konzentration auch die Meditation notwendig. Das bedeutet, dass man sich wieder einem Gedanken hingibt, aber dass man sich nicht so sehr von seiner Körperlichkeit weg konzentriert, sondern dass man seinen befreienden Gedanken sozusagen aus der Konzentration heraus auf die Körperlichkeit zurückwirken lässt, diese durchlässig, transparent macht.

Ein Quarzkristall kann transparent sein, man kann hindurchsehen. Das ist das Bild für einen physischen Körper, der nicht mehr an die physische Materie gebunden ist. Der Weg dorthin ist der Weg der Meditation. Man wählt einen sinnlichkeitsfreien geistigen Gedanken, den man nach der Konzentration mit seiner ganzen Kraft auf seine Körperlichkeit zurückwirken lässt. Man kann auch einen sinnlichen Gedanken nehmen, nämlich den Quarzkristall selbst. Den kann man so intensiv wahrnehmen, dass die Wahrnehmung eine nicht-sinnliche Gedankenform annimmt und die geordnete Durchsichtigkeit wird, die der Quarzkristall ist. Man lässt dieses Bild so auf seinen dunklen Schattenkörper einwirken, dass mit Ausdauer und Kraft die dunkle Dichte des Körpers zu einer transparenten Leichtigkeit wird, durch die es möglich wird, Christus zu schauen.

Franz von Sales weist darauf hin, dass die Liebe Gottes - und wir sprechen hier von der Liebe Christi selbst - das Herz verwundet, denn es ist nicht möglich, Christus in sein Herz aufzunehmen, ohne von ihm verwundet zu werden.

Die Liebe verursacht Wunden. Deshalb können wir nicht erwarten, dass das Leben mit Christus nur Glückseligkeit ist.

Zarte Vertröstung, ja, aber der Trost ist Trost wegen der Wunde des Herzens. Christus ist die Vollkommenheit. Der Mensch leidet wegen seiner Sehnsucht. Die Liebe ist immer von Schmerz begleitet.

BITTERSÜß IST DER WEG…

„Gewiss, die Liebe ist so bittersüß, und solange wir in dieser Welt sind, hat sie nie eine vollkommene Süße, denn sie ist nicht vollkommen, noch ist sie jemals rein gesättigt und befriedigt, und doch bleibt sie sehr angenehm, während ihre Herbheit die Süße ihrer Süße reinigt, wie ihre Süße die Anmut ihrer Bitterkeit schärft."[3]

Wir wurden geboren, um zu lieben und immer mehr Liebe zu entwickeln. Aber die menschliche Liebe hat eine unerträglich schmerzhafte Seite, nämlich die des Abschieds. Diese Seite der Liebe bedeutet, dass die an sich glückseligen Gefühle der Liebe immer auch eine schmerzliche Kehrseite haben. Wir sind auf der Erde, um zu lieben, und wir entwickeln die Liebe ganz allmählich zu immer höheren Ebenen, aber ob es die Liebe ist, die auf der Blutsbande basiert - zum Beispiel die Liebe der Mutter für das Kind oder des Kindes für die Mutter -, oder ob diese Liebe auf einem hochgestimmten Ideal basiert, oder sogar eine konkrete Liebe zu einem ebenso konkreten Gott ist, spielt keine Rolle für diese schmerzliche Seite der Liebe in unserer Zeit.

Wir lieben so, wie wir gerade als Persönlichkeit inkarniert sind, inmitten von anderen Personen, Prozessen, Natur, Politik, Kultur, Wissenschaft, Kunst. Das ist unsere Welt, und natürlich kritisieren wir viel. Aber wir lieben auch viel. Aber wir lieben auf diese ganz besondere Art und Weise, die mit dieser Inkarnation zu tun hat.

Jeder Mensch weiß, dass das Objekt dieser Liebe vergänglich ist, egal ob es sich um einen Menschen, die Natur oder die ganze Erde

[3] Francois de Sales, *Traité de l'amour de Dieu*, 1616

handelt. Wir wissen: Alles vergeht, und tatsächlich: Die Liebe vergeht nicht. Das Objekt der Liebe vergeht, und das erfordert eine sehr intensive Bewusstseinsentwicklung, um mit dieser unvergänglichen Qualität der Liebe in einer vergänglichen Welt bestehen zu können. Wenn man einen Mitmenschen sehr liebt, steht im Hintergrund immer die Gewissheit eines unvermeidlichen Abschieds. Man sucht nach Möglichkeiten, den Schmerz zu lindern. Ein wirksames Mittel ist die Aufnahme der Geisteswissenschaft, durch die man erkennt, dass - auch wenn die äußere Existenz zerfällt - das Wesentliche bleibt, und dass in diesem Sinne die Liebe wirklich unvergänglich ist. Aber als Menschen hängen wir einfach an dem, was wir haben und woran wir gewöhnt sind. Es ist sehr schwierig zu lernen, in dieser irdischen Existenz mit der intensivsten Liebe zu allem zu leben, was vergänglich ist, was vielleicht nicht in seiner Essenz vergänglich ist, aber in seiner Manifestation vergänglich ist. Genau daran, an den Erscheinungsformen, hängt unsere Liebe so stark.

Der Tod ist also der Schrecken der Liebe, und er ist ein unausweichlicher Schrecken. Für jeden Menschen kommt dieser Moment der Trennung. Ich selbst erlebe es als ein fast unerträgliches Phänomen, auf der Erde zurückgelassen zu werden, wobei es bemerkenswert ist, dass man es trotzdem ertragen und auch ‚überwinden' kann.

Wenn wir doch nur die geistige Welt, in der die Verstorbenen leben, als Realität erleben könnten! Nicht als gedankliche Repräsentation oder als eine von Schönheit erfüllte bildliche geistige Welt, sondern als volle Realität - dann wäre die Trennung immer noch eine Trennung zwischen der Person, die auf der Erde bleibt, und der Person, die in die geistige Welt eintritt, aber das Wesentliche könnte in ständigem Kontakt erhalten bleiben.

Wir brauchen das so sehr, diesen Trost über die Unvergänglichkeit der Liebe zwischen den Wesen. Ohne eine Spur dieses Trostes in seinem Leben kann man sich in der Tat nur verhärten, und sich dann lieber in der Liebe beherrschen, als wirklich das Liebespotenzial, das man in sich trägt, in sich freizusetzen. Die Gewissheit des bevorstehenden Abschieds wirkt dann stärker als die Hoffnung auf eine unvergängliche Beziehung zwischen einem selbst und dem anderen. Dann wendet man sich entweder von der Liebe ab, oder man lebt an ihr vorbei, oder man setzt auf den Materialismus.

Wenn der Mensch durch das lebendige Denken gefunden wird, ist eine Brücke zwischen zwei Welten gebaut worden, die zuvor durch einen Abgrund getrennt waren. Das Denken, das wir kennen und das das übliche Denken unserer Zeit ist, ist ein totes Denken. Dieses Denken ist nicht lebendig.

Es gibt vielleicht keinen besseren Weg den Tod kennenzulernen, als die rein wissenschaftliche Denkweise zu praktizieren und sie dann zu erleben. Dann weiß man: Auch wenn diese Gedanken vom Leben handeln, weiß man, dass nichts so tot ist wie wissenschaftliches Verstandesdenken. Wenn man dann dank Rudolf Steiners Anleitung dazu kommt, das Denken zu aktivieren, es mit aller Kraft ins Bewusstsein zu bringen und dort zu halten, dann kommt der Augenblick, in dem die Aufmerksamkeit notwendigerweise von diesem toten Inhalt auf die lebendige Aktivität des Denkens verlagert wird.

Dies ist eine der Möglichkeiten, mit Liebe und Abschied leben zu lernen. Man ist dann noch weit davon entfernt, direkte Mitteilungen von den Verstorbenen zu erhalten, aber man kennt den Übergang vom toten irdischen Denken zum lebendigen geistigen Denken. Man weiß, dass das lebendige geistige Denken das Element der Verstorbenen ist, und man kann die Hoffnung haben, dass man eines Tages, wenn man die richtigen Übungen macht, in der Lage sein wird, mit dem Verstorbenen in diesem lebendigen Denken zu leben.

Aber das ist auch der Ruf Michaels in unserer Zeit. Im gewöhnlichen, denkenden Bewusstsein können wir nicht anders, als uns nach einem Leben zu sehnen, das keinen Abschied kennt. In gewisser Weise ist das der egoistische Antrieb zum Geist, aber es ist ein Antrieb, den wir brauchen. Wenn wir in der Liebe nicht auch den Abschied erleben, dann haben wir kein Motiv, nach dem Geist zu streben. Das Streben nach dem Geist ist nicht so sehr eine Frage der Vermehrung des Wissens allein. Das Streben nach dem Geist ist der Wunsch nach Leben, auch wenn der Körper nicht mehr leben wird.

Im Leben auf Erden, wo das Denken tot ist, ist es möglich, dieses Denken gleichsam zu verlassen und in die lebendige Tätigkeit des Denkens überzugehen.

Das ist Michaels Ruf in unserer Zeit.[4]

Der hier beschriebene Schmerz ist ein menschlicher Schmerz. Der Wunsch, Christus zu finden, ist diesem Schmerz ähnlich, denn man sucht einen geliebten Menschen, den man mit seinen Sinnen nicht wahrnehmen kann. Man muss begnadet werden, entweder durch eine Katastrophe jenseits des Körperlichen geworfen zu werden, oder man muss einen bewussten Weg zum Geist gehen. Bittersüß ist dieser Weg...

---

[4] Mieke Mosmuller, Zeitschrift für Lebendiges Denken, 2022

ES WIRD AUF UNS GEWARTET

Es ist an der Zeit, dass mehr und mehr Menschen beginnen, mit Christus in der ätherischen Welt zu leben. Bei seltenen Gelegenheiten ist Er auch physisch sichtbar, in Notfällen, wenn Er zur Rettung kommt. Mehr und mehr Menschen werden Ihn aus seiner Gnade heraus schauen können. Aber wir können auch eine aufrichtige Sehnsucht nach Ihm haben, eine Sehnsucht, die wir in der Kirche nicht mehr stillen können, eine Sehnsucht, die neue Formen annimmt, weil in uns das Wissen lebt, dass Er in der Ätherwelt geschaut werden kann und für uns ein vollkommener Freund werden kann.

Aber der Wahn der eigenen Vollkommenheit steht dem im Wege. Wenn man diese Schau nicht durch Gnade mehr oder weniger von selbst erhält, will man Ihn suchen und wird dann feststellen, dass man dies auf die oben beschriebene Weise der Konzentration und Meditation tun muss. Man wird dann auch feststellen, dass man selbst derjenige ist, der sich im Wege steht. Einerseits ist es die Tatsache des dichten physischen Körpers, die ein Schauen unmöglich macht, und andererseits ist es die Verblendung der Vollkommenheit, in der man lebt und die so unwahrhaftig ist, dass man Ihn aus dieser Position nicht schauen kann.

Wenn man aufrichtig meditiert und die Kraft der Gedanken immer größer wird, ist eine natürliche Folge, dass man beginnt, sich selbst als Seele immer objektiver zu sehen. Man beginnt, alle Unvollkommenheiten, alle Unmöglichkeiten, die mit dem eigenen Seelenzustand verbunden sind, im Detail wahrzunehmen. Wir müssen lernen, das zu ertragen. Es muss ein Seelenfrieden gegenüber der eigenen Unvollkommenheit entstehen.

Sie ist zu groß, um sie in einem Leben mit einem Schlag in Heiligkeit zu verwandeln. Das ist nur einem einzigen Menschen gegeben.

Um Christus in der Ätherwelt zu schauen, bedarf es keineswegs der Vollkommenheit der Seele, aber es bedarf einer aufrichtigen Anschauung der Unvollkommenheit und eines Seelenfriedens, um dies zu ertragen. In dieser Ruhe der Seele lebt Er als Menschensohn bereits vollständig in uns, Er gibt sie und wir nehmen sie an...

Unvollkommenheit ist eine Folge der irdischen Existenz in vielen Leben auf der Erde, und wir können nichts daran ändern, wenn wir nicht zulassen, dass Er seine Hand über uns hält.

Wenn man an das kleine Kind denkt, das Kleinkind, auch ein etwas größeres Kind, sieht man, wie das Kind sozusagen noch ‚auf dem Schoß Christi' sitzt, der Tröster ist ständig um das Kind herum, um die Gewöhnung an das irdische Leben zu ermöglichen.

Erinnern wir uns an den verzweifelten Kummer, den man als Kind haben konnte, weil man mit einer Unmöglichkeit konfrontiert war. Man konnte nicht aufhören zu weinen, und die Menschen um einen herum verstanden nicht, was man da tat. ‚Ungezogen' nennt man so etwas. Aber es sind Konfrontationen mit irdischen Unmöglichkeiten, die ein Kind untröstlich machen können. Auch wenn die Menschen um einen herum es nicht verstehen, ist das Verständnis um einen herum da, denn als Kind sitzt man auf dem Schoß Christi. Wenn man genau erfahren will, was es ist, dieser bittersüße Kummer, der mit dem Anblick Christi in der ätherischen Welt verbunden ist, kann man versuchen, die gefühlsmäßigen Erinnerungen an einen solchen Moment in der Kindheit wachzurufen. Dort ist der Schmerz über die Unvollkommenheit noch ganz unschuldig und der Trost groß.

Ich habe versucht, dies in dem Roman *Gardevias* zu beschreiben, in dem es um ein Mädchen geht, das als Kind völlig missverstanden wird und das, um damit fertig zu werden, Zuflucht in der lebendigen

Phantasie sucht - im Traum eines weisen Einsiedlers, bei dem es Trost und Rat sucht. Für sie ist der weise Einsiedler eine Realität. Später erfährt sie, woher dieses Bild stammt, aber für das kleine Mädchen, das in seinem Kummer über seine ‚Ungezogenheit' so einsam und allein ist, ist der weise Einsiedler die Zuflucht.[5]

„Zum ersten Mal besuchte sie den alten, weisen Einsiedler.

Tiefer, immer tiefer wanderte sie in den Wald hinein, dichter und dichter wuchs der Wald... Dort, versteckt unter einem riesigen Baum, lebte der alte, weise Einsiedler in seiner einfachen Hütte. Sie kannte ihn schon so lange, wie die Zeit existierte, und er hatte auf sie gewartet, so lange sie sich erinnern konnte. Sie war immer willkommen. Er breitete seine Arme aus, um sie zu begrüßen, und nahm sie auf sein Knie. Seine linke Hand stützte ihren Rücken, seine rechte Hand lag auf ihrem Knie. Sie blickte auf zu seinem zerfurchten, gealterten Gesicht, das von einem Kranz aus weichem, grauem Haar umrahmt war. Milde Augen gaben ihr Ruhe. Sein Mund sprach keine unnötigen Worte, schweigend sagte er genug.

Sie durfte ihm alles sagen, was sie erlebt hatte. Seine Antwort las sie in seinen Augen, spürte sie im Druck seiner Hände. Langsam schüttelte er den Kopf... Eine Welt des Verständnisses lag in diesem Kopfschütteln, Verständnis für sie, aber auch für ihren Vater, ihre Mutter. Unausgesprochen verstand sie nun deren Wut, mit dem Verständnis eines Kindes, eines kleinen Mädchens.

Mit einem sanften Druck seiner Hand schickte er sie nach Hause..."

Als Kinder kennen wir die Traurigkeit an der Grenze zur Glückseligkeit. Als Erwachsene ist man dafür zu zäh geworden.

---

[5] Mieke Mosmuller, *Gardevias,* Occident, 1996 (in niederländischer Sprache)

Zu Tränen gerührt zu sein, ist eine Erinnerung daran, wie das Herz durch den Schmerz erweicht wird.

Es gibt natürlich ein großes Problem, das mit unserem Thema verbunden ist, und zwar, dass das Wesen Christi mit den christlichen Kirchen verbunden zu sein scheint. Sie haben ein Bild von Christus geschaffen, das schließlich zu unserem Bild geworden ist. Natürlich hat es auch esoterische christliche Bewegungen gegeben, und es hat auch häretische Bewegungen gegeben. Aber wenn man nicht selbst die Begegnung mit Christus hat, dann hat man erst einmal nichts anderes zur Verfügung als das, was als Abbild des Christuswesens in den Menschen lebt.

Und wenn ich dann über dieses Wesen schreibe, mit diesem Namen, sind alle möglichen Bilder und Vorurteile schon vorhanden. Am besten ist es, wenn man Ihn aus den Evangelien kennt, aber aus einem Text, der etwas älter ist, denn in den modernen Bibelübersetzungen ist die Sprache so vereinfacht, dass das, was sich genau auf das Wesen von Ihm bezieht und was unnötig erscheint, um es in der Sprache auszudrücken, das wird weggelassen. Wer ist Er? Wie kommt man in seinem Empfinden zu einer wahren Annäherung an das Sein?

Im Johannesevangelium, in den verschiedenen Reden, die Christus während und nach dem letzten Abendmahl hält, wird sein Wesen sehr gut offenbart. Aber der Text ist manchmal recht kompliziert, wie im Hohepriesterlichen Gebet, und obwohl dieses Stück Text das Wesen sehr deutlich darstellt, ist es für viele zu schwierig, etwas Wesentliches daraus zu gewinnen. Katholiken durften früher nicht einmal in der Bibel lesen, und das Johannesevangelium ist in gewisser Weise immer noch dem Priester vorbehalten. Man darf es zwar lesen, aber es gibt Priester, die es nicht mögen, wenn ein Laie in der Kirche aus diesem Evangelium vorliest.

Die anderen drei Evangelien, die mehr sinnliche Inhalte enthalten, sind in diesem Sinne vielen Menschen näher, aber andererseits ist das Wesen in ihnen weniger erlebbar.

Ich versuche in diesen beiden Büchern - *Zarte Vertröstung* und *Bittersüßer Schmerz* - entlang des Gefühlslebens, das auch in Gedanken aufleuchtet, Gefühle wach zu rufen, die unmittelbar zu diesem Wesen führen.

Man kann also nicht mit allen möglichen Vorstellungen, die man von Christus hat, anfangen und sie dann kultivieren - obwohl Er dann zweifellos korrigierend in einen eingreift. Besser ist es, die Gefühlssphären kennenzulernen, die von Ihm ausgehen, und zu lernen, Ihn in diesen Gefühlssphären zu erkennen.

Man stelle sich vor, dass Er das göttliche Wort ist. Alles ist durch Ihn geworden und ohne Ihn ist nichts von dem, was geworden ist, geworden. Wenn man das wirklich zu sich durchdringen lässt, entstehen Gefühle. Man kann lernen, mit diesen Gefühlen zu leben, und wenn man dann begreift, dass dies das Wesen ist, das sich in Jesus von Nazareth verkörpert hat, das für uns gestorben, begraben und auferstanden ist; wenn man begreift, dass dies das Wesen ist, das unsichtbar, aber spürbar in der ätherischen Welt gegenwärtig ist; wenn man begreift, dass es will, dass der Mensch ein geistig freies Wesen wird, das Ihn selbst anerkennen will; dann ist es nicht schwer, sich vorzustellen, wie Er ständig präsent ist und auf uns wartet.

Und was tun wir? Wir sind mit tausendundeinem beschäftigt, aber nicht mit Ihm.

Wenn man Kinder hat und ein geschäftiges Leben führt und sich an die Zeit zurückerinnert, als sie noch ganz klein waren, dann weiß man, wie es ist, wenn ein Wesen auf einen wartet. Kinder warten immer auf uns. Wenn sie erwachsen sind, tun sie das nicht, das sollten sie nicht, aber wenn sie klein sind, haben sie eine unvorstellbare Treue, wenn sie erwarten, dass Mama oder Papa kommt. Und wenn das nicht geschieht, sind sie untröstlich.

Eine solche Erwartung sollten wir uns vorstellen, wenn wir sagen: „Er wartet auf uns." Wir sind nicht die Eltern, wir sind die Kinder. Aber wir tun tausend und eine Dinge, außer zu erkennen, dass der Schöpfer selbst, das göttliche Wort, auf uns wartet, bis wir endlich bereit sind, uns seiner Existenz bewusst zu werden.

Franz von Sales, dieser katholische Heilige, unterscheidet zwischen pouvoir und vouloir, zwischen können und wollen. Er weist darauf hin, dass dieses Wesen alle Menschen mit dem Vermögen ausgestattet hat - das heißt wir haben in uns die Möglichkeit - zu Ihm zu gehen, Er zieht uns an. Die Frage ist nur: Wollen wir auch gehen? Was man kann, braucht man nicht auch zu wollen. Man kann sich von seiner Fähigkeit abwenden und andere Eigenschaften entwickeln, die man für wichtiger hält.

Er wartet - und wir sind mit anderen Dingen beschäftigt...

Wie gesagt, es ist die Unvollkommenheit, die wir nicht erkennen wollen, und es ist der Schatten, den der Körper wirft, der uns daran hindert, Ihn zu sehen. Aber wir haben das Können mitbekommen, und so könnten wir in uns selbst zu der Erkenntnis erwachen, dass Er auf uns wartet.

WIE LERNE ICH *IHN* KENNEN?

Anthroposophie ist esoterische Wissenschaft, man kann auch sagen Geisteswissenschaft. Sie ist keine religiöse Bewegung. Aber das Interessante an der Anthroposophie ist, dass man, wenn man sich wirklich damit befasst, früher oder später zum Mittelpunkt der menschlichen Existenz geführt wird. Und dieser Mittelpunkt erweist sich dann als identisch mit dem Wesen, das wir in der Religionsgeschichte Christus nennen, nicht Jesus. Wann immer von Christus gesprochen wird und Jesus erwähnt wird, wird Christus Jesus gesagt und nicht Jesus Christus. Das hat damit zu tun, dass sich der Mittelpunkt des Seins in Jesus inkarniert hat, dass aber dieser Mittelpunkt des Seins in Jesus sozusagen gesalbt wurde und dadurch zu Christus wurde. Christus kommt zuerst in Jesus.

Man muss dann tatsächlich in der Lage sein, einerseits die Liebe, die man vielleicht schon zum Christentum und zu Christus hatte, festzuhalten und andererseits alle traditionellen Konnotationen loszulassen. Dazu muss man die Kunst des vorurteilsfreien Lesens beherrschen. Man muss lesen können wie ein Kind, das noch nichts weiß, nichts beurteilt und eigentlich nur voller Interesse an allem Neuen ist, das es aufnimmt. Das ist ja die Anthroposophie. Das ist etwas ganz Neues. Man kann mit seinen Begriffen, die man schon hatte, hineingehen, aber man muss sie auch neu ordnen können nach dem Beispiel, das einem die Lektüre bietet. Das ist wirklich eine Kunst. Aber wenn man genau auf sich achtet, merkt man, wie sehr die Vorurteile das ursprüngliche Lesen verderben. Wenn man es dann schafft, die Anthroposophie vorurteilsfrei aufzunehmen, lernt man das Christuswesen wieder besser kennen.

Rudolf Steiners Beschreibungen sind nie sentimental. Sie sind einfühlsam, aber man darf nicht darin schwelgen. Man muss in der Lage sein, sich von den Gefühlen berühren zu lassen, die durch Vorstellungen und Darstellungen im Denken geweckt werden. Wenn man sich nur an die Vorstellungen hält, kommt man nicht an das Wesen heran. Wenn man schwelgen will, findet man nichts. Das Wesen Christi, wie es in der Anthroposophie beschrieben wird, muss zuerst zur Vorstellung werden. Die Vorstellung muss dann erlebt werden, das heißt, man entwickelt Gefühle dazu und schließlich Impulse.

Rudolf Steiner ist sogar so weit gegangen, dass er eine Skulptur in der Wirklichkeit geformt hat, eine Skulptur, in der man die Haltung und das Gesicht von Christus sehen kann. Wenn man sich das anschaut, sieht man sofort, dass man darin nicht schwelgen kann, dass man mit dem Wort ‚Unser Lieber Herrgott' nicht auskommen kann. Das Gesicht hat eine unbeschreibliche Form, die von uns etwas anderes erwartet als die Bewertung mit irdischen Schönheitsmaßstäben. Moralische Maßstäbe müssen angelegt werden, um dieses Bild als Darstellung des wahren, menschgewordenen Christuswesens zu erfassen.

Dann sind da noch die Vorträge. Vor allem die Vorträge in der Vortragssammlung *Das fünfte Evangelium*, die das Leben des Jesus von Nazareth beschreibt, bevor er bei seiner Taufe im Jordan das Christuswesen in sich aufnahm. Dann gibt es die Vorträge über die vier Evangelien, in denen wir auch die Möglichkeit haben, das Christuswesen auf Erden kennenzulernen. Und noch die Vorlesungen über die Erscheinung Christi in der ätherischen Welt, die aber weniger eine Empfindung des Christuswesens vermitteln als vielmehr die mit der Erscheinung verbundene Beschreibung.

Ein anderer literarischer Zugang zum Wesen Christi findet sich in den geistlichen Liedern von Novalis. Dort ist es nicht so sehr der

Inhalt allein, sondern die Poesie, mit der der Inhalt gegeben wird, die das Wesen erlebbar macht. Man kann also auch diese Gedichte nicht wirklich übersetzen, denn das, was sie vermitteln wollen, verschwindet, wenn man eine andere Sprache verwendet.

Eine andere Möglichkeit sind zum Beispiel die Predigten von Meister Eckhart. Auch dort ist es weniger der Inhalt als vielmehr der Ton, in dem gesprochen wird, die Art und Weise, wie die Sprache verwendet wird, die zur Essenz Christi führen kann.

Inhaltlich können wir vielleicht auch sehr weit gehen, aber damit finden wir nicht das Wesentliche. Wir finden das Wesentliche in dem Maße, wie wir fühlen und auch wollen können, das heißt, in dem Maße, wie wir ein guter Mensch sein wollen. Die Intuition des Guten kann uns in die Nähe des Wesens bringen.

Aber wir dürfen nie vergessen, dass das Können jedem Menschen gegeben ist, das Wollen aber auf unserer Freiheit beruht.

PUNKT UND UMKREIS

Wir gehen zurück zum Anfang dieses Buches. Wenn Sie sich vorstellen könnten, wie Sie sich von Ihrem Mittelpunkt aus in den weiten Umfang ausdehnen, so weit der Umfang reicht, und Sie wären nicht ein Punkt auf diesem Umfang, sondern Sie könnten sich so ausdehnen, dass Sie den ganzen Umfang umfassen könnten, und es wäre nicht nur ein Kreis, sondern es wäre wirklich eine Kugel, dann würden Sie die Allgegenwart Christi in der ätherischen Welt erleben.

Im leiblichen Dasein ist dies eine sehr häufige, aber unbemerkte Tätigkeit. Wir bewegen uns ständig vom Zentrum zu allen Seiten des Umkreises. Das tun wir im Kreislaufsystem, und auch beim Atmen gehen wir in unserem Körper vom Zentrum zu allen Seiten. Wenn man das mit Bewusstsein erleben könnte, würde man dieses allumfassende Gefühl vom Umkreis her unmittelbar kennen. Aber man nimmt den Kreislauf und die Atmung nur als Vorstellungen wahr. Der Atem kann einem mehr bewusst sein als der Kreislauf.

Die Ausdehnung der Atemluft im ganzen Körper zu erfahren, ist eine der Übungen im Yoga und in der Achtsamkeit. Aber man bleibt dann an das Körperliche gebunden. Dennoch kann es ein erster Hinweis auf das Erleben eines allumfassenden Gewahrseins im Umkreis sein. Wenn man die Erkenntnis hat, dass man, wenn man sich mit dem Atem durch den Körper bewegt, die gesamte Peripherie des Körpers als Atemluft wahrnehmen könnte, dann könnte man von dort aus auch im Bewusstsein eine solche allumfassende Sichtweise erkennen und damit realisieren.

Aber das Freiwerden vom Körperbewusstsein ist dann eine große Schwierigkeit, und ohne dieses Freiwerden ist eine Begegnung mit

Christus in der Ätherwelt durch Übung nicht möglich.

Besser ist es also, durch Konzentration und Meditation ein Bewusstsein für den spirituellen Mittelpunkt des eigenen Daseins zu erlangen. Das ist man selbst. Das ist derjenige, der alles tut und auch betrachtet und beurteilt, und von dem aus man sich zunächst vorstellungsmäßig nach allen Seiten ausdehnt, so weit in die Peripherie hinein, dass man von diesem Umfang aus nichts anderes tun kann, als sich wieder zurück in seinen Mittelpunkt zu begeben.

In diesem Rhythmus findet man Christus.

Die christlichen Mystiker haben versucht, das zu beschreiben, indem sie sagten: Gott sieht durch meinen Geist sich selbst. Aber man kann das auch umkehren, indem man sagt: Indem ich meine geistige Bewegung finde, finde ich das Auge, durch das ich Gott sehen, anschauen kann, denn mit meinem Auge sieht Er sich selbst.

Wir brauchen es, um an den Punkt zu gelangen, an dem wir sagen können: Ich werde angeschaut. Aber in diesem Angeschautwerden schaue ich auch Ihn an. Derjenige, der mich anschaut, wird von mir angeschaut.

Das ist die mystische Formel, die immer noch wirksam ist, vorausgesetzt, man begreift, dass man sich nicht an Worte und Bilder halten muss, sondern dass man eine solche Formel tun muss. Man muss wirklich aus sich herausgehen, sich so weit in alle Richtungen auf einmal ausdehnen, dass man die äußerste Peripherie berührt, und wenn man sich umdreht, berührt Er einen und man strahlt dann mit Ihm sozusagen nach innen, aus allen Richtungen, nicht so, als ob die Sonne an einem Punkt wäre und einen Teil der Erde bestrahle, sondern als ob die Sonne allgegenwärtig wäre und von allen Seiten Licht einstrahlt.

Als Menschen haben wir die Fähigkeit, uns das als Realität vorzustellen, so dass wir uns mit unserem inneren Wesen, das von unserem Mittelpunkt losgelöst ist, tatsächlich von allen Seiten aus dem Umkreis - der dann der Kosmos ist - zurück in den Mittelpunkt bewegen, von Ihm gesehen und in dem Moment, in dem wir von Ihm gesehen werden, Ihn schauend.

EINE ILLUSTRATION VON FRANÇOIS DE SALES

Können und Wollen, ein Bild am Beispiel Marias - als Vorbild für die reine Seele.

Ein Zitat von François de Sales:

„Der Magnet, wie jeder weiß, Théotime, zieht natürlich Eisen an sich, durch eine geheime und sehr liebenswerte Tugend; doch fünf Dinge verhindern diese Wirkung: 1. die zu große Entfernung des einen vom anderen; 2. wenn ein Diamant zwischen den beiden ist; 3. wenn das Eisen gefettet ist. 4. wenn es mit Knoblauch eingerieben ist; 5. wenn das Eisen zu schwer ist. Unser Herz ist für Gott gemacht, der es ständig anzieht und nie aufhört, die Anziehungskraft seiner himmlischen Liebe in es hineinzuwerfen. Aber fünf Dinge hindern die heilige Anziehungskraft am Wirken: 1. die Sünde, die uns von Gott trennt; 2. die Neigung zum Reichtum; 3. die sinnlichen Freuden; 4. der Stolz und die Eitelkeit; 5. die Eigenliebe mit der Vielzahl von unregulierten Leidenschaften, die sie hervorbringt, die eine schwere Last in uns sind, die uns überwältigt.

Keines dieser Hindernisse fand jedoch im Herzen der glorreichen Jungfrau statt: 1. Immer vor aller Sünde bewahrt; 2. immer sehr arm im Herzen; 3. immer sehr rein; 4. immer sehr demütig; 5. immer friedliche Herrin über alle ihre Leidenschaften und völlig frei von der Rebellion, die die Eigenliebe gegen die Liebe Gottes stellt. Und das ist der Grund, warum sie, wie das Eisen, wenn es frei von allen Hindernissen und sogar von seiner Schwerkraft wäre, stark, aber sanft und mit gleicher Anziehungskraft vom Magneten angezogen würde; so dass die Anziehung dennoch immer aktiver und stärker wäre, je näher man sich dem anderen und der Bewegung ihrem

Ende nähert, so dass die heiligste Mutter, die nichts in sich hat, was das Wirken der göttlichen Liebe ihres Sohnes verhindern könnte, sich mit ihm in einer unvergleichlichen Einigung vereint..."[6]

Wenn es uns gelingt, uns wirklich vom Mittelpunkt zu lösen und zu spüren, wie man von außen zu sich selbst zurückkommt, wird es möglich, die Sinneswelt anders zu erleben, die dann nicht mehr in gleicher Weise Sinneseindrücke vermittelt, sondern die Schöpfung aus der ätherischen Sicht.

Wenn es ein Regentag ist und man sieht, wie die Wolken allmählich trocknen und sich verziehen, wie blaue Flecken am Himmel auftauchen und irgendwann die Sonne durchbricht, sieht man einen unbeschreiblichen Unterschied in der Farbqualität des Daseins. Zwar sind die Farben auch in einer bewölkten Gegend offensichtlich vorhanden, aber wenn die Sonne durchbricht, erhält sie eine ganz andere Qualität. Das ist ein natürliches Phänomen, das alle Menschen kennen. Aber nun stelle man sich vor, dass man in der Seele bewölkt ist, diese Wolken verziehen sich oder werden vertrieben und mehr und mehr kommt der blaue Himmel der reinen Seele zum Vorschein und die Sonne kann durchbrechen. Dann hat man ein Bild dafür, wie es ist, wenn man von der gewöhnlichen Sinneswahrnehmung zur ätherischen Wahrnehmung übergeht. Die gewöhnliche Wahrnehmung kommt aus dem Zentrum; die *ätherische* Wahrnehmung kommt *aus der Peripherie*. Man kommt gleichsam auf den Bahnen der Sonnenstrahlen zu sich selbst zurück, und auf dem Weg dorthin durchquert man die Atmosphäre, die Pflanzenwelt, die Tierwelt, die menschliche Welt. Man kommt von außen, nicht von innen. Dadurch wird die Erde von einem göttlichen Licht erhellt, das ihr ein völlig anderes Aussehen verleiht.

---

[6] François de Sales, *Traité de l'amour de Dieu*, 1616

Das ist nicht so, wie wenn die Sonne durchbricht, es geht viel weiter.

Es gibt eine Übung von Rudolf Steiner, um sich in diesem ätherischen Reich jenseits von sich selbst zu finden. Er beschreibt immer wieder, dass das Selbst, das wahre Selbst, nicht innen, sondern außen ist. Ich habe jetzt versucht, zu beschreiben, wie man vom Außen zum Innen kommen kann. Diese von Rudolf Steiner gegebene Übung führt uns zum Selbst, aber nicht zum Mittelpunkt-Ich, sondern zum Umkreis-Ich.

Um damit fruchtbar umzugehen, ist es notwendig, nicht in den Worten zu verharren, sondern sich das, was in diesen Worten gegeben ist, tatsächlich so imaginativ wie möglich vorzustellen.

Das erste ist: Ich inmitten von Licht und Raum.

Dann muss man sich wirklich vorstellen, wie die Erde in Sonnenlicht getaucht ist und wie dieses Sonnenlicht den ganzen Raum ausfüllt und wie man nicht in seinem Körper ist, sondern in diesem äußeren Körper aus Licht und Raum. Licht und Raum sind der Körper für das Ich.

Dann zweitens: Raum für Ich und Licht.

Dann stellt man sich also in erster Linie den Raum vor und wie er für Ich und das Licht ist. Dann ist der Raum sozusagen der Körper, die Hülle, nicht nur für das Ich, sondern auch für das Licht.

Der dritte Anhaltspunkt: Licht durch Raum und (m)ich.

Für die Bedeutung von ‚durch' müssen wir Fragen stellen: Hindurch oder durch als Wirkursache? Licht durch Raum und mich.

Dann folgt die Feststellung: Ich bin.

Wenn man diese Übung intensiv genug macht, fühlt man sich

wirklich außerhalb des Leibes, verbunden mit Raum und Licht auf unterschiedliche Weise in unterschiedlichen Verhältnissen. Wenn das Selbst lernt, in diesem außerleiblichen Körper wahrzunehmen, werden die Eindrücke, die das Ich empfängt, qualitativ anders. Das Erleben wandelt sich völlig. In der indischen und buddhistischen Weisheit glaubt man, dass es ein Reich gibt, in dem sozusagen noch die Glückseligkeit des Paradieses herrscht, und dass die Menschheit dieses Paradies eines Tages wiederfinden wird. Dieses Land, das ein verborgenes Land ist, das man vom Irdischen aus nicht finden kann, wird Schamballa genannt.

Was ich gerade geschrieben habe, ist der Fundort von Schamballa. In der christlich-esoterischen Überlieferung entspricht dies der Gralsburg, die niemand finden kann, der nicht vom Gral selbst erwählt ist. Dies ist kein Reich, das auf der Erde zu finden ist, aber es kann auf der Erde verwirklicht werden, weil die Möglichkeit des Erkennens, des Wahrnehmens mit den Sinnen, des Denkens und Erlebens sich so verwandelt, dass das, was auf der Erde wahrgenommen, gedacht und erlebt wird, nicht mehr so ist, wie wir es gewohnt sind, sondern den Glanz und die Heiligkeit besitzt, die ihm vom Schöpfer verliehen wurde. Man befindet sich in der gleichen irdischen Welt, aber man erlebt sie als Paradies.

Man könnte sagen: Das ist doch nicht bittersüß, das ist doch nur süß. Aber dann möchte ich wiederum François de Sales zitieren:[7]

„Gewiss, die Liebe ist so bittersüß, und solange wir in dieser Welt sind, hat sie nie eine völlig süße Süßigkeit, weil sie nicht vollkommen ist, noch ist sie jemals rein gesättigt und befriedigt, und doch bleibt sie sehr angenehm, während die Bitterkeit die Süße von ihrer Süße reinigt, so wie die Süße die Grazie ihrer Bitterkeit schärft."

---

[7] François de Sales, *Traité de l'amour de Dieu*, 1616

Wir selbst, auch wenn wir die Erde im Licht des Schöpfers betrachten, bleiben unvollkommene Menschen, und diese Unvollkommenheit gibt der Süße die notwendige Bitterkeit und der Bitterkeit die notwendige Süße.

ICM

Der zweite Teil des rosenkreuzerischen Sprichworts besagt, dass wir in Christo sterben. Dies wurde im christlichen Glauben in alten Zeiten sehr wörtlich genommen. Es wurde davon ausgegangen, dass man, wenn man stirbt, den Übergang im vollen Bewusstsein Christi vollziehen muss. Es wurde als Strafe angesehen, wenn der Tod einen überfiel, etwa in der Nacht, so dass man den Übergang nicht bewusst vollziehen konnte. Später wurden die Gefühle in dieser Hinsicht milder. Franz von Sales weist darauf hin, dass der Mensch, der sein Leben dem Christus weiht, sich Ihm auch im Schlaf hingibt. Und obwohl es dann ein anderes Bewusstsein gibt, kann keine Rede davon sein, dass dieser Mensch im Schlaf nicht mehr mit Ihm verbunden wäre. Das ist schon eine Erleichterung der Umstände, könnte man sagen. Selbst wenn man den Tod durch einen Unfall erleidet, wo es keinen Moment gibt, um das Bewusstsein auf Ihn zu richten, ist es immer noch so, dass, weil man immer auf Ihn eingestellt war, man auch in diesem Moment auf Ihn eingestellt ist.

Im zweiten Teil des rosenkreuzerischen Bekenntnisses wird deutlich, dass das Sterben mit Christus verbunden ist. Wir sterben in Christo. Aber in unserer Zeit haben wir die Möglichkeit, diese Aussage oder diese Beobachtung noch weiter zu fassen, und zwar wie folgt:

Wenn man im Vorfrühlingslicht in die Natur hinausgeht, findet man dort die blühenden Bäume in voller Pracht. Durch die geschäftige Eile des Lebens ist uns die Ruhe abhandengekommen, um einen solchen Eindruck, den man mit den Sinnen aufnimmt, wirklich bewusst erfühlen zu können. Aber wenn wir es tun, geübt wie wir sind, dann macht diese Blüte im Frühlingslicht einen ganz besonderen Eindruck auf uns. Die Blüte erscheint wie ein Symbol der Schönheit. Sowohl aus der Ferne als auch aus der Nähe betrachtet, ist die Blüte eines Apfelbaumes, eines Kirschbaumes, eines Mirabellenbaumes Schönheit an sich. Aber mit dieser Schönheit ist auch die Vergänglichkeit verbunden. Die Zeit ist kurz. Manchmal ist der Baum nur ein paar Tage in voller Blüte, dann kommt der Frühjahrsfrost, der Sturm, der Regen oder das natürliche Welken setzt ein.

Deshalb ist der blühende Kirschbaum, der blühende Apfelbaum das reine Bild für die Süße der Schönheit, mit der die Bitterkeit der Zeitlichkeit verbunden ist.

Nun wollen wir noch einen Schritt tiefer gehen und dieses Bild der verwelkenden Schönheit tief in unser Gemüt eindringen lassen. Dann erleben wir, dass das, was wir als eine Möglichkeit des von außen zu den Sinnen strömenden Lichts hatten, nun als eine natürliche Bewegung, zu der uns der Blütenbaum aufruft, in uns entsteht. Das Licht, das sich in den Blütenblättern verkörpert zu haben scheint, rührt das Auge und ruft durch diese Rührung die süße Traurigkeit hervor, die mit dem Sinneseindruck des Sehens verbunden ist. Das Licht kommt aus der Vergangenheit und findet sein Ende im Sinneseindruck. Das Leben liegt noch im Licht, das aus der Vergangenheit kommt, aber in der Berührung mit dem Auge wird die zerbrechliche Vergänglichkeit, die unausweichlich ist, bewusst.

Es gibt Komponisten, die versucht haben, diesen Abschied zu vertonen, und oft ist dieser Abschied dann natürlich mit dem Abschied von einem geliebten Menschen verbunden. Aber das macht das musikalisch gewordene Gefühl nicht weniger wertvoll.

Ich denke zum Beispiel an Chopins Walzer *Adieu* (Opus 69, Nr. 1), bei dem wir in der gleichsam absteigenden Bewegung, in dem Herabrieseln der Töne, in einer äußerst melancholischen Stimmung etwas Ähnliches erleben wie die Berührung mit dem Licht der Frühlingsblüte. Ein anderes Beispiel ist das Lied *Als geblüht der Kirschenbaum...* (Carl Zeller) oder auch *Die Uhr* (Carl Loewe), das zunehmend zur Sentimentalität neigt, gleich wie Édith Piafs *C'est l'amour*. Es sind die allgemein menschlichen Gefühle des Abschieds...

Vom irdischen Standpunkt aus betrachtet, erleben wir den Tod als bitter und das Leben als süß.... Die verwelkende Blüte ist das Bild für diese bittere Süße, süße Bitterkeit, aber wir wissen, dass dies die Vorbereitung für einen ganz anderen Prozess ist, nämlich die Fruchtbildung.

NEGATIVE UND POSITIVE GOTTESERKENNTNIS

Ein Schüler des Apostels Paulus war Dionysius der Areopagite. Er schrieb eine negative Theologie, die sechs Jahrhunderte lang überliefert wurde, ohne dass sie aufgeschrieben wurde - und die dann letztendlich aufgeschrieben wurde. Wir haben diesen Text noch heute. Natürlich ist es immer eine Frage, inwieweit dieser Text noch der ursprünglichen Lehre entspricht, aber das Wesentliche an Dionysius' Lehre ist, dass er eine negative Theologie vertritt. Negativ ist nicht negativ gemeint, sondern so, dass man, wenn man Gott beschreiben will, als Mensch nur sagen kann, was er nicht ist. Wir haben keine Worte oder Begriffe für das, was Er ist. Selbst wenn wir unsere positivsten Charakteristiken nehmen, sind sie dem Göttlichen noch nicht nahe. Man muss sich also bei allem, was man über Gott sagt, bewusst sein, dass das, was man sagt, eigentlich unmöglich ist, weil man einen so begrenzten Horizont hat, dass man nicht darüber hinaus denken und sprechen kann.

Dies steht im Gegensatz zur Erleuchtung eines Mannes, der viel später lebte, nämlich des Spaniers Ramon Llull[8], dem in seiner Erleuchtung neun göttliche Konzepte, Attribute Gottes, geschenkt wurden. Er wagte es also, die Eigenschaften Gottes zu benennen.

Man könnte die beiden Standpunkte sehr gut miteinander in Einklang bringen, wenn man sich die neun göttlichen Kategorien von Ramon Llull so vorstellt, dass man sich bewusst ist, dass das, was man denkt, nicht das sein kann, was Gott ist, sondern die beste Annäherung an ihn ist.

---

[8] Ramon Llull (1232 - 1315), Mallorquinischer Philosoph, Logiker, Grammatiker und Theologe

Diese neun Begriffe sind nach Llulls Erleuchtung die einzigen Begriffe, die der Mensch braucht. Außer diesen Begriffen gibt es nichts, sagt Llull. Wenn man diese neun Begriffe verstanden hat und weiß, wie man sie auf die göttliche und die irdische Welt bezieht[9], dann kann man mit ihrer Hilfe alles wissen, aber auch alles voraussehen und alles verstehen, was zur Vergangenheit gehört. Das war eine unglaubliche Perspektive, und man kann sich eigentlich keinen größeren Widerspruch vorstellen als den zwischen Dionysius dem Areopagiten und Ramon Llull. Llull sieht den Menschen zu höchstem Wissen fähig; Dionysius sieht Wissen nur in der Negation.

Für unser Gefühlsleben ist es sehr wichtig, dass wir solche Experimente mit unseren Gefühlen durchführen, denn wir können davon ausgehen, dass beide recht haben, wenn auch einseitig recht, und dass man natürlich immer noch nicht die volle Wahrheit findet, wenn man die beiden Ansichten vereint. Aber man hat das Gefühl, dass man dann etwas von Ihm berührt, den wir suchen.

Wenn man die Begriffe von Llull einen nach dem anderen in sich ruhen lässt, dann kann man nach einiger Zeit sozusagen Dionysius dazu befragen, wie er den Begriff sehen würde.

Llulls erster Begriff ist die Güte. Gott ist gut. Dionysius würde sagen: Was wir unter gut verstehen, ist viel zu begrenzt, um die Güte des Göttlichen zu bezeichnen. Wir suchen Christus in der Ätherwelt. Er hat gesagt: Nennt mich nicht gut, Gott allein ist gut. In diesem Zusammenhang wäre das eine Aussage, über die wir nachdenken sollten.

Das Gute ist eine dieser neun Eigenschaften Gottes für uns von

---

[9] Ramon Llull, *Ars magna*

Christus in der Ätherwelt. Aber eine Ahnung davon bekommen wir erst, wenn wir mit Dionysius begreifen, dass wir mit dem Guten, auch wenn wir möglichst umfassend gut denken und fühlen, die göttliche Güte noch nicht erfasst haben.

Wenn man das wirklich intensiv auf sich wirken lässt, erlebt man wirklich, was göttliche Güte wäre.

Da man weiß, dass man als Mensch zu begrenzt ist, um es zu erfassen, erlebt man gleichzeitig, dass der Träger der göttlichen Güte einem zu Hilfe kommt, um wortlos, begriffslos, bildlos zu erahnen, was göttliche Güte ist.

Die neun Kategorien Gottes habe ich in dem Büchlein *Die Kunst des Denkens*[10] beschrieben.

Gewöhnliche Gedanken, die von der Güte ausgehen, bleiben, wie intensiv wir sie auch gestalten, begrenzt. Wenn man es wagt, in der Wahrnehmung über die Grenze des Begriffs der Güte hinauszugehen, wird das, was zuerst gedacht wurde, nun gleichsam zum Willensimpuls: gut sein zu wollen. Diese Kraft liegt jenseits des Denkens.

In der Natur sehen wir diese Kraft in der Fruchtbildung. Der Gedanke hat Ähnlichkeit mit der Blüte, der voll ausgearbeiteten Schönheit, die aus der Vergangenheit kommt. Aber der Wunsch, gut zu sein, entspringt der Intuition der göttlichen Güte, die man nicht beschreiben, aber doch erahnen kann. Das ist die Frucht, die aus der Zukunft zu uns kommt.

In dem Büchlein *Die Kunst des Denkens* habe ich diese neun Konzepte als Übung für moralisch bewegliches Denken genommen. Aber man kann mit diesen Begriffen noch viel weiter gehen. Man kann auf diese Weise durch die Vereinigung von Raimundus Lullus und Dionysius Aeropagita vom Denken zum Willen kommen, von

---

[10] Mieke Mosmuller, *Die Kunst des Denkens*, Occident 2016

den positiven sichtbaren Gedanken zum negativen unsichtbaren Impuls des Willens.

In der Vereinigung des einen mit dem anderen lebt Christus in der Ätherwelt.

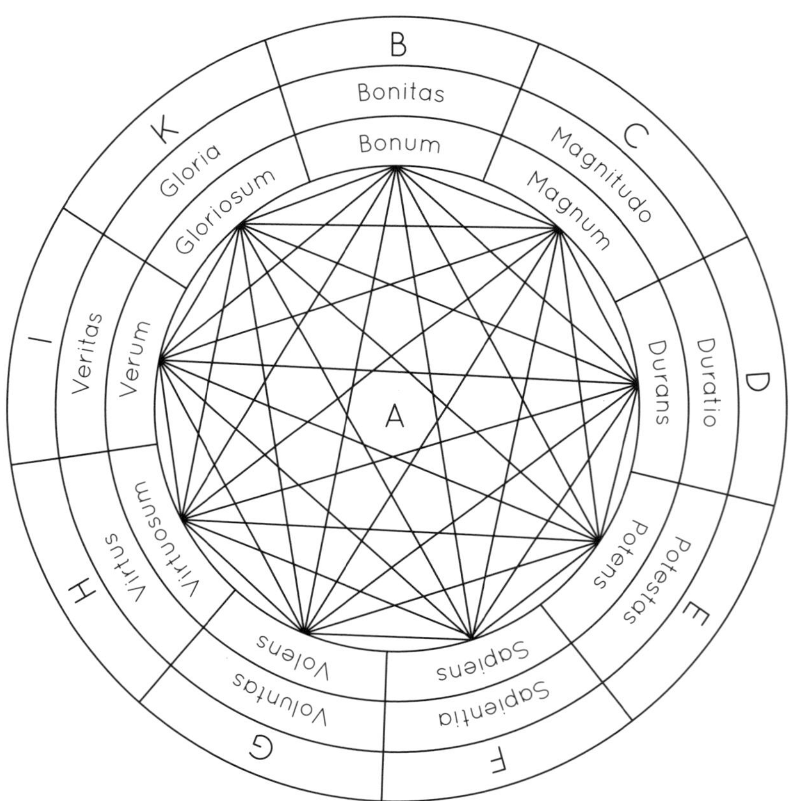

Ramon Llull, *Ars Magna*

DIE UNIVERSALIA

Oben habe ich auf die Universalität von Vorstellungen, Begriffen und Ideen hingewiesen. Ich möchte das jetzt etwas vertiefen, weil wir es bei Begriffen und Ideen unmittelbar mit Ihm zu tun haben. Unsere Begriffe und Ideen schöpfen wir aus der Ätherwelt. Er ist der Logos, der in der Ätherwelt gegenwärtig ist. In früheren Zeiten gab es darüber keine Diskussion.

Ich denke jetzt nicht an die griechische Zeit, sondern an das Zeitalter der Scholastik, wo man sich in der Begriffskunst übte, und man braucht nur ein Stück Text aus der Scholastik aufzugreifen, und man weiß, was das ist. Thomas von Aquin zum Beispiel hat eine Abhandlung über den Prolog des Johannesevangeliums[11] geschrieben, und da behandelt er jedes Wort. Die Behandlung eines Wortes nimmt mehrere Seiten in Anspruch. In der Scholastik wurden die Begriffe Universalia genannt, weil man wusste, dass ein Begriff universell ist, für alle Menschen gleich. Wenn man über diese Universalien nachdenkt, stellt man fest, dass ein Begriff, zum Beispiel ein mathematischer Begriff, gebildet werden kann, bevor man in der Realität eine Sache gesehen hat, für die man den Begriff braucht.

Nehmen wir den Begriff des Kreises. Für diesen Begriff gibt es verschiedene Formulierungen. Welche Formulierung man auch wählt, das Wesen des Kreises, wie es in dieser Formulierung zum Ausdruck kommt, ist in allen Fällen dasselbe. Man wird auf das verwiesen, was ein Kreis wirklich ist, ob man ihn nun in der Realität findet oder nicht. Der Begriff ist hier selbst eine Realität,

---

[11] Thomas von Aquin, *Das Wort*, Pneuma Verlag 2017.

nämlich sein Wesen, und die Scholastiker nannten solche Begriffe universalia ante rem. Man sollte versuchen, diesen Begriff des Dings in sich selbst zu fassen, dann weiß man, was ein reiner Begriff ist, unabhängig von jeder Sinneswahrnehmung.

Dann kann man zur Sinneswahrnehmung übergehen, und man sieht zum Beispiel einen runden Tisch, oder man sieht eine Untertasse und eine Tasse, oder man sieht eine Stehlampe. Die Welt ist voll von Kreisen. Dort ist der Begriff gewissermaßen in den Dingen verkörpert. In der Scholastik sprach man von universalia in re, in der Sache.

Was wir jetzt tun, nämlich die Reflexion über den reinen Begriff und den Begriff im Ding, wo sich die Form - der Begriff - mit der Substanz - der Materie - vereinigt hat und zu einem runden Ding geführt hat, ist auch ein Begriff des Kreises, nämlich das Bewusstsein dieses Begriffs des Kreises. Das ist das, was die Scholastiker die universalia post rem, nach dem Ding, genannt haben.

Unsere Wahrnehmung, unser Denken, unser Leben, unser Handeln ist so verflacht, dass es meist viel Mühe kostet, diese drei Seiten der Universalia zu dem zu erheben, was sie wirklich sind. Schon das Wort Universalia sollte uns entzünden.

Die Vereinten Nationen streben die Einigung der Völker an. Aber dort, wo es bereits eine gibt, übersehen sie sie. Der Mensch lebt ständig in universellen Vorstellungen und Begriffen. Die Vorstellungen haben immer noch eine individuelle Färbung, denn es geht darum, dass man selbst sich diese Vorstellung bildet. Man formt den Begriff nach dieser Formulierung, und was man darin tut, ist individuell-universell. Man gibt dem Universellen einen individuellen Klang und eine individuelle Farbe, aber das Verständnis, *das reine Verständnis*, ist ein universelles Reines. Ob man in Europa oder in Afrika, in Japan oder in Alaska lebt, das reine Verständnis, in diesem Fall des Kreises, ist universell. Man kann sich vorstellen, dass es Menschen gibt, die das nicht erreichen. Aber wenn sie es erreicht haben, denken sie nicht anders als die anderen. Die Kombination der Begriffe mag unterschiedlich sein, aber der Begriff selbst ist es nicht. Es ist wichtig, dies wirklich zu erleben: *Reine Begriffe sind universell*, sie gelten für alle Menschen. Individuell ist, welche Begriffe ein Mensch bildet und individuell sind auch die Vorstellungen von Universalien in Re. Aber die Begriffe an sich sind universell.

Aber wir leben mit dem Denken in den Spiegelungen, die uns das Gehirn gibt, und wir sind nicht mehr in der Lage, aus unserer natürlichen Veranlagung heraus in die ätherische Seite der Begriffe zu blicken. Die Begriffe mögen zwar Universalien und in diesem Sinne ihrem Wesen nach mit dem Logos eins sein, aber wir Menschen der Neuzeit sind nicht in der Lage, außer diesem rein gedanklich, im Schein ablaufenden Erkennen zu einem Realitätserlebnis der Verbindung der Universalien mit dem universalen Logoswesen zu gelangen.

Dennoch haben wir diese Eindrücke, aber wir verschlafen sie oder übertönen sie aufgrund der zunehmend materiellen Seite des Daseins.

Nehmen wir an, man fährt regelmäßig in den Urlaub nach Spanien. Man lernt vielleicht nicht wirklich die Sprache, meist nur ein wenig, aber man lernt zumindest die Geste kennen, die das Land in der Natur macht, das Wesen der Spanier, die Art zu leben, die Art zu bauen, den Alltag zu bewältigen. Kurz gesagt, man bekommt einen Eindruck davon, was das spanische Land und die Menschen wirklich sind. Würde man einen bitten, das in Worte zu fassen, müsste man auf Beschreibungen zurückgreifen, oder man müsste ein Dichter sein, der sich durch Poesie dem Wesen des Spanischen nähern kann, oder man müsste ein Maler sein, also wirklich ein Künstler, der in der gemalten Landschaft das sichtbar machen kann, was typisch spanisch ist. Das ist nicht der kleine Esel mit der Ladung auf dem Rücken, der durch den von der Sonne getrockneten Sand geht - sondern das ist etwas Ganzes.

Ich bin sicher, dass jeder Besucher Spaniens diese Totalität des Landes und seiner Menschen als Eindruck aufnimmt. Aber ich bin auch überzeugt, dass es kaum möglich ist, sie zu beschreiben. Der Spanier selbst kann es, denn er ist so und in jedem Wort, das er oder sie spricht, steckt dieses so-sein. Aber ein Ausländer muss auf detaillierte Beschreibungen zurückgreifen und selbst dann funktioniert es nicht, denn derjenige, der beschreibt, beschreibt mit seinen eigenen Worten und damit eigentlich mit seiner eigenen Mundart und seinem Nationalcharakter jene Nuance, die so wichtig ist, die jeder, der dort hinkommt als Eindruck erhält und die keiner, der kein Spanier ist, in Worte fassen kann, weil sie dann inhaltlich in Worte gefasst werden muss. In der Geste der Rede eines Spaniers liegt dieser Eindruck. Es ist das ätherische Verständnis für das spanische Land und Volk. Zu diesem Eindruck gehört auch das Klima, das Zusammentreffen von Trockenheit, Feuchtigkeit, Licht, Luft, Gestein, Sand; Elemente, die man überall auf der Welt findet, die aber in jedem Land einen anderen Eindruck vermitteln. Die gleichen Elemente in Italien unterscheiden sich von denen in Spanien oder an der französischen Côte d'Azur oder in Ascona zum Beispiel.

Reisen ist also eine Gelegenheit, in das Ätherische einzudringen, auch wenn man das vielleicht nicht bewusst tut. Es wäre also ein wirksames Mittel, das noch vorhandene ätherische Erlebnis zu vertreiben, wenn wir die Menschen am Reisen hindern würden.

Wenn man sich in einem Radius von, sagen wir, 100 Kilometern bewegt und nicht darüber hinaus, dann bleibt man in den Eindrücken der eigenen Interessensphäre stecken, und natürlich hat man dann immer noch die Möglichkeit, einen Eindruck von fremden Völkern zu bekommen. Denn innerhalb dieses ‚100-Kilometer-Radius' sind sie ja ausreichend vorhanden. Aber weil sie in ihrer eigenen Kultur sind, gibt es trotzdem nicht den Gesamteindruck, den man bekommen kann, wenn man selbst reist. Dieser Begriff, der im Ätherischen liegt, der sich nicht in eine Definition fassen lässt, aber eine sehr klare Vorstellung ist, lässt sich auch auf andere Bereiche übertragen.

Wir alle kennen die Rätsel, die man aufgeben kann, wenn man jemanden Musik hören lässt und dann fragt, welcher Komponist das ist. Das ist eine ähnliche Sache. Die Komponisten verwenden alle die gleichen Töne, die gleichen Möglichkeiten von Takt und Rhythmus, die gleichen Tempi. Und doch unterscheidet man Mozart unter Tausenden und man kann auch Bach von Händel, von Vivaldi unterscheiden, obwohl diese Musik in der gleichen Zeit entstanden ist. Was genau ist das? Das ist etwas Inhaltliches, nämlich die Partitur. Aber die Tatsache, dass diese Partitur so ist, hat etwas mit dem Ätherischen in der Musik zu tun. Könnte man als Mensch lernen, mehr in diesen Sphären zu leben, dann würde man sich in erster Linie nicht mehr so leicht vom Inhalt täuschen lassen. Denn durch das - mit diesem Inhalt gleichzeitige - Aufnehmen der Atmosphären würde man wissen, ob man die Wahrheit oder die Lüge präsentiert bekommt.

Aber darüber hinaus wäre dieses Leben in den Atmosphären von größter Bedeutung für die Begegnung mit Christus in der ätherischen Welt. Denn Er lebt in dieser Sphäre, er umgibt in Seelenform das *Werden des Menschen*. In der Menschwerdung finden wir diese übersinnlichen Sphärenerlebnisse. Das ist nicht nur eine Atmosphäre, nicht dass man sagt, ich gehe in ein Haus und da ist eine gute oder eine schlechte Atmosphäre drin. Es geht darüber hinaus. Man kann tatsächlich, wenn man ein Haus betritt, auch eine übersinnliche Atmosphäre wahrnehmen. Das hat nichts mit den unmittelbaren Ereignissen in diesem Moment zu tun, sondern mit der ‚Aura', die in dem Raum herrscht, aus der Zeit, als die Menschen, die in diesem Haus leben, dort ein Leben führten. Wenn man zum Beispiel ein Haus kaufen will und es sich anschauen geht, kann man das besonders stark wahrnehmen, und das kann helfen, zu entscheiden, ob man etwas haben will oder nicht. Das Äußere kann perfekt sein, aber in der Atmosphäre kann es dazu führen, dass man sagt: „Nein, da will ich nicht wohnen!"

In diesem Sphärenreich, in dieser ‚Aura', leben wir halbbewusst in der Ätherwelt, und wenn wir es so weit bringen könnten, dass wir unsere exakten Begriffe, die durch das Gehirn reflektiert werden, wieder auf diese atmosphärischen Begriffe umlenken könnten, dann würden wir auf natürliche Weise mit Christus in der Ätherwelt zusammenleben.

Ich habe schon öfter auf die atmosphärische Veränderung hingewiesen, die der Meister in meinem Roman *Lotus und Lilie* in der Bibliothek seines eigenen spirituellen Instituts erlebt. Wenn er eintritt, stößt ihn alles ab. Als Buddhist sieht er absolut keinen Sinn in diesem ganzen Studieren und Denken. Aber sein Institut ist in Europa, und er muss auf die Art seiner Schüler eingehen, und so hat er eine Bibliothek in seinem Institut. Aber das stößt ihn ab, bis sich plötzlich diese materielle Atmosphäre um das Studium und die Bücher undsoweiter in eine geistige Atmosphäre verwandelt. Dann tritt er in die Ätherwelt ein, die ihm an sich völlig vertraut ist, die er aber hier nicht erwarten konnte - und hat eine Begegnung mit dem Herrn in der Ätherwelt.

So haben wir eine Übereinstimmung mit unseren vom Gehirn reflektierten Universalien und der tatsächlichen ätherischen Seite desselben. Man könnte versuchen, den Begriff des Kreises auf diese Weise zu bilden. Nicht durch die Worte allein, sondern durch das, was die Essenz dieses Kreises in ‚Sphäre-Bedeutung' ist.

Ich weiß, dass ich dem Leser damit die Möglichkeit gebe, jetzt eine falsche Abzweigung zu nehmen und die exakte Beschaffenheit des Denkens zu verlieren, wo alle möglichen esoterischen Konnotationen des Kreises erdacht oder imaginiert werden. Das ist nicht das, was ich meine. Ich meine wirklich den exakten Begriff des Kreises, aber erhöht auf seine Atmosphäre. Das ist die übersinnliche Seite des Kreisbegriffs. Das ist nicht etwas anderes als dieser Begriff, das ist das Gleiche. Nur, so wie man das spanische Volk und Land inhaltlich erschöpfend beschreiben kann und trotzdem das Qualitative nicht berührt, so ist es mehr oder weniger immer der Fall im Denken des Kreisbegriffs. Man kann ihn mit einer Definition erschöpfend beschreiben, aber man hat das eigentliche, reale Konzept damit nicht getroffen.

Ein Zitat von François de Sales:

„Es ist wahr, dass der Rat zum Vorteil dessen gegeben wird, der den Rat annimmt, damit er vollkommen wird: Willst du vollkommen sein, sagt der Heiland, so gehe hin, verkaufe alles, was du hast, und gib es den Armen und folge mir nach. Das Herz aber, das Gott liebt, nimmt den Rat nicht wegen seiner Brauchbarkeit an, sondern um sich dem Willen desjenigen anzupassen, der den Rat gibt, und um zu ehren, was er dem Willen schuldig ist. Er nimmt also keinen Rat an, es sei denn, Gott will es; und Gott will nicht, dass jeder jeden Rat befolgt, sondern nur den Rat, der möglich ist - je nach der Verschiedenheit der Personen, der Zeiten, der Gelegenheiten und der Kräfte - wie es die Liebe verlangt; denn sie ist es, die als Königin aller Tugenden, aller Gebote, aller Ratschläge, kurz aller Gesetze und aller christlichen Taten, allen den Rang, die Ordnung, die Zeit und den Wert gibt.

Wenn dein Vater, deine Mutter wirklich deine Hilfe zum Leben brauchen, ist es nicht an der Zeit, den Rat zu befolgen, sich zurückzuziehen und in ein Kloster zu gehen; denn die Liebe gebietet, dass du wirklich hilfst, dass du die Mission erfüllst, deinen Vater und deine Mutter zu ehren; zu dienen, zu helfen und zu retten. Wenn du ein Fürst bist, müssen deine Untertanen in Frieden gehalten und vor Tyrannei, Besatzung und Bürgerkrieg geschützt werden. Angenommen, die Aussicht auf ein solch großes Gut verpflichtet dich, dem Staat durch die heilige Ehe rechtmäßige Nachfolger zu schenken. Es ist nicht das Verlieren der Keuschheit, zumindest ist es das keusche Verzichten, sondern das Opfern für das Gemeinwohl zugunsten der Liebe. Wenn du eine schwache, unbeständige Gesundheit hast, die viel Unterstützung erfordert, gehe nicht freiwillig in die Armut; denn die Liebe verbietet es dir. Die Liebe erlaubt den Familienvätern nicht, alles zu verkaufen, um es den Armen zu geben, sondern gebietet ihnen, ehrlich zu sparen, was für die Erziehung und den Unterhalt von Frauen, Kindern und Dienern notwendig ist; ebenso ist es richtig, dass Könige und Fürsten Schätze haben, die, aus reinen Ersparnissen und nicht aus tyrannischen Erfindungen stammend, als heilsamer Schutz gegen sichtbare Feinde dienen. Rät nicht der heilige Paulus den Hochzeitspaaren, nach der Zeit des Gebets in die wohlgeordnete Hochzeitsnacht zurückzukehren?

Alle diese Ratschläge dienen der Vervollkommnung des christlichen Volkes, aber nicht der des einzelnen Christen. Es gibt Umstände, die dies manchmal unmöglich, manchmal nutzlos, manchmal gefährlich, manchmal schädlich für einige machen... "[12]

[12] François de Sales, *Traité de l'amour de Dieu,* 1616, Livre 8, Chapitre 6

QUELLEN DER SELBSTERZIEHUNG

Diese Reihe von Erwägungen erfordert nun eine weitere Vertiefung des Themas der Selbsterziehung. Der weise François de Sales, jener Meister der goldenen Mitte auf der Suche nach Gott, spricht vom Unterschied zwischen göttlichen Geboten und göttlichen Ratschlägen. Gebote sind unausweichlich, und wer sie nicht befolgt, sündigt schwer. Ratschläge liegen in einem ganz anderen Bereich. Das ist der eigentliche Bereich der Selbsterziehung. Man muss keine Ratschläge befolgen, aber wer die Nähe zu Christus sucht, wird für sich selbst erkennen wollen, dass Selbsterziehung notwendig ist.

Nun ist es natürlich im 17. Jahrhundert noch so, dass man sich auf das Evangelium bezieht, in dem reichlich Ratschläge zur Selbsterziehung gegeben werden.

In der Neuzeit, in der die Bewusstseinsseele seit Jahrhunderten wächst, ist es zunehmend so, dass der Mensch selbst entscheiden will, welchen Weg er gehen will. Wenn die Selbsterziehung dieser Weg ist, dann fühlt sich der moderne Mensch fähig, den Weg zu bestimmen und mit Hilfe seines eigenen Gewissens zu gehen.

Andererseits sehnt man sich natürlich auch als moderner Mensch nach Inspiration in diesem Bereich. So bleibt die Lektüre und Meditation der Evangelien mehr oder weniger eine Notwendigkeit. Aber auch die Lektüre der Schriften eines Mannes wie des Weisen der goldenen Mitte François de Sales, kann inspirierend sein.

Er erschöpft sich nicht so sehr darin, was man tun soll und was nicht, sondern erleuchtet den Weg mit den verschiedenen Wahlmöglichkeiten, die man treffen kann, und zeigt immer wieder Verständnis für die Unmöglichkeiten, die man empfindet, wenn man bestimmten göttlichen Ratschlägen folgen will.

Ich glaube, dass der allererste Schritt auf dem Weg der Selbsterziehung darin besteht, sich ehrlich zu fragen, wer bin ich, wo stehe ich, wie ist mein Entwicklungsstand. Es gibt keinen Prüfer, an den man sich wenden kann, der bestimmen kann, ob man die Prüfung besteht oder nicht. Man kann keinen Test machen, um zu sehen, auf welche Stufe man aufgestiegen ist.

Der erste Schritt zur Selbsterkenntnis ist die ehrliche Selbstbestimmung, und das ist dann auch gleichzeitig der vielleicht schwierigste Schritt von allen.

Natürlich kann man nicht durchdenken und durchfühlen, was man verändern sollte, wenn man nicht weiß, was wirklich veränderbar ist. In unserer Zeit ist es vielleicht mehr denn je so, dass die Menschen ihre Unvollkommenheit nicht mehr ertragen können. Das bedeutet aber auch, dass sie sich dem nicht stellen wollen, und wenn man sich dem nicht stellen will, kann man auch nicht den Weg der Selbsterziehung gehen.

Der erste Schritt besteht also darin, sich zu bemühen, den eigenen Seelenzustand mit dem Auge Christi selbst zu betrachten. Das kann man natürlich nicht wirklich tun. Aber man kann sich vorstellen, nicht mit den eigenen Augen zu sehen, sondern mit einem objektiv vollkommenen Auge auf die eigene Unvollkommenheit zu blicken.

Goethe hielt eine solche Selbsterkenntnis für unmöglich. Er beschreibt sie mit den folgenden Worten:[13]

„Mir kam die so bedeutend klingende Aufgabe: Erkenne dich selbst, immer verdächtig vor, als eine List geheim verbündeter Priester, die den Menschen durch unerreichbare Förderungen verwirren und vor der Tätigkeit gegen die Außenwelt zu einer inneren falschen Beschaulichkeit verleiten wollten. Der Mensch kennt nur sich selbst, sofern er die Welt

[13] Johann Wolfgang von Goethe, *Bedeutende Fördernis* (1823)

kennt, die er nur in sich, und sich nur in ihr gewahr wird. Jeder neue Gegenstand, wohl beschaut, schließt ein neues Organ in uns auf."

Die Selbsterkenntnis zu der in Griechenland aufgerufen wurde: „Gnothi Seauton!", „Mensch, erkenne dich selbst!", sollte viel mehr im Licht der reinen Erkenntnis gesehen werden. Wie das gemacht werden kann, habe ich in meinem ersten Buch *Suche das Licht, das im Abendland aufgeht* (1994) beschrieben.

Sicherlich hat die Selbsterkenntnis, die ich meine, auch sehr viel mit gewissenhaftem Fühlen zu tun. Wenn man wirklich aufrichtig auf seine Biographie zurückblickt, lernt man sich selbst in seinen Schwächen und Stärken kennen, die man natürlich auch so kennt. Aber man steckt drin und ist belastet mit dieser Illusion der Persönlichkeit, nämlich dass man vollkommen ist. Oder fast vollkommen. Das muss man versuchen zu vergessen und objektiv zu beobachten: „In welchem Zustand ist diese Seele, die ich jetzt betrachte? Was hat sie in diesem Leben erlebt und geleistet? Wie verhält sie sich? Welche Fehler hat sie gemacht, welchen Segen hat sie verbreitet?"

Das wird man nicht in einem Zug klären können, aber man kann eine bestimmte eklatante Schwäche aufgreifen und sich vornehmen, sie rigoros zu ändern. Nur eine Schwäche. Man sollte nicht denken, dass man plötzlich vollkommen perfekt werden kann, denn dann hat man es wieder mit dem gleichen Problem der Illusion von Vollkommenheit zu tun.

Nein, es gibt viel zu tun, aber wir wählen eine eklatante Schwäche aus und gehen sie rigoros an. Dann kommt es darauf an, diese Schwäche und die Möglichkeit, sie anzugehen, in das Leben dieses Augenblicks zu stellen.

François de Sales gibt einige klare Beispiele für die Unmöglichkeit, bestimmten göttlichen Ratschlägen zu folgen. Würde man es trotzdem tun, würde man schlechter statt besser werden. Man muss sich also damit abfinden, dass der Mensch so unvollkommen ist, dass er nicht alles gleichzeitig in Ordnung bringen kann, und dass es immer in das Leben des Augenblicks passen muss, so dass man nicht abstrakt vorgehen kann, sondern wirklich erlebend erkennen muss: Das ist wirklich eine grundlegende Schwäche in mir, und ich habe jetzt die Möglichkeit, sie zu beheben, ohne anderen oder der Welt zu schaden. Es geht darum zu erkennen, dass man eine gewisse Gleichartigkeit mit dem Herrn anstreben muss, dass man sie aber nicht willkürlich überall ansprechen kann; dass man erkennen können muss, wo man sich befindet. Von dem Punkt aus, an dem man sich befindet, muss man weitermachen. Wenn man sich zu hoch einschätzt, dann nimmt man einen Ausgangspunkt, wo man gar nicht ist, und dann kann es nur Phantasie bleiben. Vertiefende Selbsterziehung heißt: dort ansetzen, wo man wirklich ist.

Die Wahrheit ist bitter, die Aussicht auf Vollkommenheit ist süß.

DIE VERDICHTUNG DES DENKENS ZUR WIRKLICHKEIT

Erst wenn man seine Vorliebe für die materielle Welt in sich selbst kennenlernt, bekommt man ein Gefühl für die drei gegensätzlichen Kräfte, die in jeder menschlichen Seele die Verbindung mit dem Geistigen verhindern. Es versteht sich von selbst: Wenn man am irdischen Dasein festhält, bedeutet das, dass man das Geistige nicht zu schätzen weiß. Man sieht es wahrscheinlich als eine geisterhafte Gestalt, als so etwas wie das Leben der Vorstellung, als etwas, das Schein ist - wenn man es denn als etwas sieht, das überhaupt existiert.

Es gibt wirklich viele Menschen in unserer Zeit, die die geistige Welt nicht mehr erkennen können. Wenn Sie dieses Büchlein lesen, werden Sie wohl einen Glauben an den Geist haben, sonst wären Sie nicht bis auf diese Seite gekommen. Aber der Weg zur Selbsterkenntnis wird Ihnen zeigen, wie stark Ihre Verschmelzung mit der physischen Existenz doch ist.

Wir leben in einer Welt der Bilder. Dank der Majestät unserer Sinne haben wir eine große Liebe zu dem, was wir sehen, hören, riechen, schmecken und so weiter. Das dringt automatisch in uns ein wie eine riesige Kraft, und wir lieben es. Das ist keine Sünde. Warum sollte man die Schöpfung nicht lieben?

Aber es gibt ein Problem dabei, und das ist, dass man sich an die Dichte der Wahrnehmbarkeit von Sinneseindrücken gewöhnt. Das Denken ist im Vergleich dazu eine Schattenwelt. Wir erleben die Sinneseindrücke als Realität, das Denken als eine von uns hinzugefügte Welt. Wenn man dann zu erkennen beginnt, dass die geistige Welt nicht in der Sinneswahrnehmung, sondern im Denken zu finden ist, beginnt sich diese hinderliche Macht zu offenbaren.

Die Liebe zum Greifbaren und die Angst vor dem Nicht-Sinnlichen treten auf. Man kann diese Angst bis zu einem gewissen Grad bekämpfen, indem man die Geisteswissenschaft zur Kenntnis nimmt, sie studiert, über sie meditiert und dem Schattendasein, das man kennt, Substanz verleiht, weil man sein Denken als Schattendasein kennt. Aber es ist wie im Märchen: Alles, was man im Denken aufnimmt, verliert natürlich seine sinnliche Kraft und wird damit Teil dieser Schattenexistenz.

So ist es auch mit den Themen des Glaubens. Wenn wir von Christus in der Ätherwelt sprechen, ist das in erster Linie ein Begriff, den wir nicht anders kennen, als dass wir im Denken und damit im Schattendasein leben. So ist es mit allem, was mit dem Geist zu tun hat. Wenn man sich andererseits vorstellen müsste, dass diese gedankliche Schattenwelt plötzlich Wirklichkeit wird, dann würde man eine heillose Angst bekommen. Daraus folgt zwangsläufig, dass man als Mensch zwei Vorbereitungen treffen muss: Die erste Vorbereitung besteht darin, die Kontrolle über das Denken zu übernehmen, damit das Denken nicht die Kontrolle über einen übernehmen kann. Man muss wirklich denken können, was man will, und das, was man nicht will, muss man abschalten können, damit das Denken, wenn es stärker wird, nicht von einem Besitz ergreift. Die andere Sache ist, dass man sicherstellen muss, dass das Denken von der Schattenexistenz befreit wird. Das ist der Weg, reines lebendiges Denken zu praktizieren, durch Betrachtung, durch unabhängiges Denken, durch Meditation, durch Kontemplation. Dadurch nimmt die *Kraft des Denkens* zu und man kann nach und nach damit rechnen, dass die gleiche Kraft, mit der die Wahrnehmungen mit den Sinnen eintreten, dass diese Kraft auch im Denken stattfinden kann, dass die Schattenwelt ins Licht gebracht und nicht nur vom Licht beschienen wird.

Sie wird selbst zum Erzeuger des Lichts - statt eine Spiegelung des

Lichts zu sein, ist sie das Licht selbst.

Das sind also zwei Vorbereitungen, die man treffen muss, damit man, wenn man sich auf die Suche nach jenem höchsten Wesen in der Ätherwelt begibt, nicht von der *Angst* vor dem Unkontrollierbaren, dem *Spott* über etwas, das man will, aber eigentlich gar nicht will, und natürlich dem *Zweifel* am Ganzen überwältigt wird, weil man die Wirklichkeit in einer Scheinwelt suchen muss.

Das was man braucht, um sich dieser drei Hindernisse in sich selbst bewusst zu werden und sie dann zu überwinden, findet man in Rudolf Steiners Werk. Dort findet man die Werkzeuge und Anleitungen für einen sicheren Weg zum Geist.

Die Beschreibung der Werkzeuge und des Weges ist in Rudolf Steiners Gesamtausgabe verstreut. Es gibt eine Reihe von Büchern, in denen er Anweisungen beschreibt und auch die Instrumente angibt. Aber ihre weitere Ausarbeitung ist über das ganze Werk verstreut.

Indem ich das, was in dieser Gesamtausgabe verstreut liegt, aufgenommen und ausgeführt habe, habe ich versucht, sowohl die Instrumente als auch den Weg in einer immer klareren Ordnung zu beschreiben. Aber es bleibt ein Ganzes, das man wirklich wollen und auch selbst tun muss, um zu begreifen, worum es geht: die Übermacht der Sinnenwelt und die Sehnsucht nach irdischer Existenz gegenüber der Sehnsucht nach der Ewigkeit und der geistigen Welt; der Sehnsucht nach einer tieferen Selbsterkenntnis, der Sehnsucht nach Ihm in der ätherischen Welt.

WIE ERSCHEINT DER CHRISTUS IM ÄTHERISCHEN?

Bei einem solchen Thema kann man natürlich nicht weiter gehen, als bestimmte Aspekte anzusprechen.

Am Ende dieser Betrachtungen werde ich, so gut es in einer kurzen Ausführung möglich ist, ein weiteres wichtiges Bild für das reale Erscheinen Christi in der ätherischen Welt geben.

Rudolf Steiner hat umwälzende Einblicke gegeben in die Geburt Jesu von Nazareth, in die Taufe im Jordan, in die Wirksamkeit Jesu Christi, in das ganze Geschehen um die Kreuzigung, in die Auferstehung, den Auferstehungsleib, die Erscheinung des Auferstehungsleibes, aber auch in das, was in der Apostelgeschichte beschrieben ist und was ich vorhin zitiert habe: die Erscheinung Christi an Paulus vor Damaskus. Darüber hinaus hat Rudolf Steiner detailliert beschrieben, wie das Christuswesen, der Sohn in der Trinität, während vieler Epochen vor seinem Erscheinen auf der Erde auf die Erde zukommt und wie er während dieser Epochen hilfreich in die menschliche Entwicklung eingreift, indem er Störungen ausgleicht.

Er inkarniert dann nicht, aber er ‚verseelt' sich, wie Rudolf Steiner es nennt. Dafür hat er einen bestimmten Träger.

Wir kennen die Beschreibungen der Erbsünde im Alten Testament. Wir kennen auch Beschreibungen der Erbsünde in anderen Religionen. Zum Beispiel kennen wir die Beschreibung der Erbsünde in der griechischen Zeit. Man kann sich also aus dem Alten Testament vorstellen, dass es einen Adam vor und nach dem Sündenfall gibt. Es ist auch denkbar, dass nicht der ganze Adam von der Sünde ergriffen wird - wie es bei keinem Menschen der Fall ist -, sondern dass ein unschuldiger Teil erhalten bleibt. Rudolf

Steiner gibt darüber Aufschluss, dass dieser unschuldige Teil ein Wesen ist, das eine gewisse Ähnlichkeit mit einem Engel hat, aber in der menschlichen Entwicklung auf Erden gestanden hat und für die Zukunft bewahrt wird. Diese ursprüngliche Adamseele wird dann in Jesus von Nazareth geboren, in der Linie des Nathan, wie es im Lukasevangelium heißt. Deshalb nennt Rudolf Steiner dieses Kind den nathanischen Jesus des Lukasevangeliums.

Dieser nathanische Jesus, dieser spätere nathanische Jesus, der vorher noch die reine, nur einmal inkarnierte Adamseele war, hat sich in all diesen Geschehnissen vor seiner Geburt auf der Erde gleichsam als Träger für das Christuswesen gegeben oder wurde dazu erwählt. So wie dieser später auf der Erde auch als Jesus von Nazareth, als nathanischer Jesus, zum Träger für das Christuswesen wird, so ist dies vor dem Mysterium von Golgatha das Wesen, das jedes Mal die Seele anbietet, in der sich der Gottessohn verseelt, um die Entwicklung der Menschheit innerhalb der Extreme in der Mitte zu halten. Dieses Wesen ist nur in den Ätherleib hinabgestiegen, nicht in den physischen. Nur einmal hat es sich vor dem Mysterium von Golgotha wirklich inkarniert.

Wer sich dafür interessiert, kann die Vortragsreihe lesen: *Vorstufen des Mysteriums von Golgatha*.

Zur Weihnachtszeit 1912/1913, als die neue Anthroposophische Gesellschaft gegründet wurde, hielt Rudolf Steiner eine Vortragsreihe über die *Baghavad Gita* und *die Paulusbriefe*. Dort zeigt er, dass dieses reine Adamwesen in der Gestalt Krishnas, der in der *Bhagavad Gita* eine so majestätische Rolle spielt, vorhanden war. Er offenbart auch, dass nach dem Tod und der Auferstehung Christi dasselbe Wesen, die reine Adamseele, wieder zum Träger des Auferstandenen wird, der sich dann im Glanz dieses reinen Seelenwesens zeigt. Die ätherische Ausstrahlung dieses reinen Seelenwesens ist die Ausstrahlung, in der sich der auferstandene Christus zeigt.

Zuerst erschien Er Paulus, als wäre er ein Frühgeborener, wie er selbst sagt. Rudolf Steiner hat darauf hingewiesen, daß das Schauen des Christus in der ätherischen Welt nun auch ein Schauen des ätherischen Wesensteils des Jesus von Nazareth, des nathanischen Jesus, des reinen Adamwesens ist, in dem er uns herrlich erscheint.

SCHLUSS

Johannes 21,15:

„Da sie nun das Mahl gehalten hatten, spricht Jesus zu Simon Petrus: Simon Jona, hast du mich lieber, denn mich diese haben? Er spricht zu ihm: Ja, HERR, du weißt, daß ich dich liebhabe. Spricht er zu ihm: Weide meine Lämmer! Spricht er wider zum andernmal zu ihm: Simon Jona, hast du mich lieb? Er spricht zu ihm: Ja, HERR, du weißt, daß ich dich liebhabe. Spricht Jesus zu ihm: Hüte meine Schafe! Spricht er zum drittenmal zu ihm: Simon Jona, hast du mich lieb? Petrus ward traurig, daß er zum drittenmal zu ihm sagte: Hast du mich lieb? und sprach zu ihm: HERR, du weißt alle Dinge, du weißt, daß ich dich liebhabe. Spricht Jesus zu ihm: Weide meine Schafe!

Wahrlich, wahrlich ich sage dir: Da du jünger warst, gürtetest du dich selbst und wandeltest, wohin du wolltest; wenn du aber alt wirst, wirst du deine Hände ausstrecken, und ein anderer wird dich gürten und führen, wohin du nicht willst. Das sagte er aber, zu deuten, mit welchem Tode er Gott preisen würde. Und da er das gesagt, spricht er zu ihm: Folge mir nach!

Petrus aber wandte sich um und sah den Jünger folgen, welchen Jesus liebhatte, der auch an seiner Brust beim Abendessen gelegen war und gesagt hatte: HERR, wer ist's, der dich verrät? Da Petrus diesen sah, spricht er zu Jesus: HERR, was soll aber dieser? Jesus spricht zu ihm: So ich will, daß er bleibe, bis ich komme, was geht es dich an? Folge du mir nach! Da ging eine Rede aus unter den Brüdern: Dieser Jünger stirbt nicht. Und Jesus sprach nicht zu ihm:

‚Er stirbt nicht', sondern: ‚So ich will, daß er bleibe, bis ich komme, was geht es dich an?'"

Wie kann ich ein göttliches Wesen lieben, das ich nicht kenne?

Petrus kannte Ihn. Wir als abstrakt denkende Menschen können Ihn nur durch Offenbarung kennen und natürlich, wenn wir Ihn in der ätherischen Welt erblicken.

Aber wenn die Liebe zu Ihm eine Bedingung dafür ist, Ihn zu sehen, und wir Ihn nur lieben können, wenn wir Ihn sehen, dann ist die Aufgabe unmöglich.

Die Frage ist also: Was kann der Mensch tun, um sich zur Liebe zu Christus zu erwecken? Das erste ist natürlich, die Evangelien zu lesen und zu versuchen, sie so wahrhaftig wie möglich zu leben. Man kann die Evangelien auch Stück für Stück meditativ lesen, so dass man nicht in den gewöhnlichen Inhalt verfällt, sondern sozusagen den Geist anruft, indem man sich intensiv mit dem Inhalt auseinandersetzt.

Man kann auch Bücher von Menschen lesen, die auf diesem Gebiet Erfahrung haben. Ich finde das Aufnehmen der Gedichte von Novalis, der geistlichen Lieder, und das zur Liebe Erwecken durch Stimmung einen sehr guten Weg. Man kann Musik hören, wie zum Beispiel den zweiten Akt in Wagners Oper *Parsifal*, oder die Musik, die ich in *Zarte Vertröstung* als Beispiele genannt habe, oder Musik, von der man selbst spürt, dass sie in einem die Liebe zu Christus wecken kann.

Aber natürlich kann man als Mensch nur lieben, wenn man die Eigenschaften des geliebten Wesens kennt. Man liebt einen Mitmenschen wegen seines Aussehens, aber vor allem wegen der Eigenschaften, die für sein Wesen charakteristisch sind. Wir können also sagen: Je mehr man über das Leben auf der Erde und den Menschen Jesus Christus weiß, desto wahrscheinlicher ist es, dass die Liebe zu ihm eine echte werden kann. Natürlich soll man auch keine erotische Liebe zu ihm empfinden. Das ist bei manchen Heiligen in der Geschichte nicht immer so klar, ob die Liebe, die sie für den Herrn empfanden, nicht doch einen körperlichen Aspekt hatte, einen erotischen Aspekt. Das ist natürlich absolut nicht das, wonach wir suchen. Der beste Weg scheint zu sein, sich in die göttliche Vortrefflichkeit zu versenken und den Wunsch zu haben, ihr so weit wie möglich gleich zu werden. Andererseits sollte man lernen, eine menschliche Freundschaft für diesen göttlichen Freund zu empfinden, der uns nicht als Vater, sondern als Bruder und Freund zur Seite stehen will.

„Wenn unsere Seele also bedenkt, dass nichts sie vollkommen befriedigt, und dass ihre Fähigkeit durch nichts in der Welt erfüllt werden kann; wenn sie sieht, dass ihre Begriffsfähigkeit eine unendliche Neigung hat, immer mehr zu wissen, und ihr Wille einen unstillbaren Hunger hat, immer mehr zu lieben, hat sie dann nicht Recht, wenn sie ausruft: ‚Ach! Ich bin also nicht für diese Welt geschaffen! Es gibt ein souveränes Gut, von dem ich abhänge, und einen ewigen Schöpfer, der mir dieses unendliche Verlangen nach Wissen und diesen unstillbaren Hunger eingepflanzt hat; deshalb neige ich mich zu Ihm und höre auf Ihn, um mich mit seiner Güte, zu der ich gehöre und die ich bin, zu vereinen und zu verbinden.' Das ist die Vereinbarung, die wir mit Gott haben.“[14]

Die Anthroposophie bringt uns die erweiterte Möglichkeit der ‚charité', der Liebe zur Tat auf Erden. Die selige Ewigkeit ist erst für uns bestimmt - und so wollen wir es auch -, wenn es keine Unglücklichen auf Erden mehr gibt...

---

[14] François de Sales, *Traité de l'amour de Dieu*, 1616, Livre premier, Chapitre 15

„Solange du den Schmerz erfühlest
Der mich meidet,
Ist Christus unerkannt
Im Weltenwesen wirkend;
Denn schwach nur bleibet der Geist,
Wenn er allein im eignen Leibe
Des Leides-Fühlens mächtig ist.“[15]

[15] Rudolf Steiner, *Samariterkurs*, 14. August 1914